Volker Kauder

Das hohe C

Politik aus dem Christlichen Menschenbild

HERDER

FREIBURG · BASEL · WIEN

MIX
Papier aus verantwortungsvollen Quellen
FSC® C014496

Satz: Newgen Publishing Europe
Herstellung: GGP Media GmbH, Pößneck

Printed in Germany

ISBN Print 978-3-451-38848-4
ISBN E-Book EPUB 978-3-451-82147-9
ISBN E-Book PDF 978-3-451-82148-6

Inhalt

Danksagung

In seinem Aufsatz *Über die allmählige Verfertigung der Gedanken beim Reden*[1] rät Heinrich von Kleist seinem Leser, Wissen freizulegen, indem man mit anderen darüber spricht. Dass es gelang, dieses Buch zu schreiben, ist ebensolchen Gesprächen zu verdanken. Entgegen der Empfehlung von Kleist, der betont, dass das Gegenüber von der Materie selbst gar nicht viel verstehen müsse, um bei der Verfertigung der Gedanken behilflich zu sein, habe ich das Gespräch mit jenen gesucht, deren Expertise und Erfahrungsschatz unübertroffen sind. In diesem Austausch entstanden die entscheidenden Impulse für die Entstehung des vorliegenden Buches.

Eberhard Schockenhoff, dem Freiburger Professor für Moraltheologie, danke ich neben seinen kostbaren Hinweisen zum Verhältnis zwischen Humanismus und Christlichem Menschenbild insbesondere für den Fingerzeig, dass es zwar eine „christliche“ Politik nicht geben kann, sehr wohl aber eine Politik aus christlicher Verantwortung.

Wolfgang Huber, dem ehemaligen Ratsvorsitzenden der Evangelischen Kirche in Deutschland, verdanke ich neben dem genialen Begriff der Selbstvergleichgültigung auch aufschlussreiche Denkanstöße über den Menschen als Beziehungswesen, die Menschenfreundlichkeit Gottes und die große Chance, die Pluralisierung mit sich bringt.

Walter Kardinal Kasper bin ich besonders dankbar für seine Erläuterungen zur großen jüdisch-christlichen Friedensidee der Gottebenbildlichkeit des Menschen und deren Implikationen für die politischen Herausforderungen von heute.

Ich danke meinem langjährigen Mitarbeiter Dr. Andreas Mom für seine tatkräftige Unterstützung und umsichtige Begleitung dieses Buches. Der Konrad-Adenauer-Stiftung danke ich für die großzügige Förderung dieses Projekts. Dass ich die Grundzüge des Christlichen Menschenbildes in diesem Buch näher ausleuchten konnte, verdanke ich auch dem Verlag Herder und der engagierten Begleitung des Projekts durch seinen Lektor, Florian Pletscher. Besonderer Dank gilt schließlich meinem Mitarbeiter Richard Mathieu, ohne den dieses Buch nicht möglich gewesen wäre.

Einleitung

Mithilfe eines Lackmustests lässt sich bestimmen, ob es sich bei einer Substanz um eine Säure oder Base handelt. Ein Lackmustest lässt sich nicht bestehen, er zeigt schlichtweg den eigentlichen Charakter einer Substanz auf. Im übertragenen Sinne gilt dies gleichermaßen für die Politik: Am Umgang mit politischen Herausforderungen zeigt sich der wahre Charakter politischer Akteure und Parteien. Der Unterschied ist: Während in der Chemie eine Substanz nicht selbst darüber entscheiden kann, ob sie Base oder Säure ist, können Parteien sehr wohl ihr Selbstverständnis gestalten und ihre Ausrichtung bestimmen.

„*Die Union muss wieder konservativer werden!*" So eine These, die in nahezu allen politischen Diskursen der letzten Jahre als die ultimative Lösung des Problems eines vermeintlichen Konturenverlustes der Unionsparteien unüberhörbar vertreten wird. Die Forderung nach einer Besinnung auf angeblich konservative Werte begleitet das politische Geschehen nicht erst seit den Herausforderungen durch die Flüchtlinge 2015, sondern meldete sich bereits im Zuge der Aussetzung der Wehrpflicht oder dem Ausstieg aus der Kernenergie lautstark zu Wort, ganz so, als ob Wehrpflicht und Kernenergie zum unverbrüchlichen Kanon eines konservativen Wertegefüges gehörten.

Auch wenn die Forderung nach einer konservativen Ausrichtung der Christdemokraten keine neue ist, so hat sie doch im Zuge der Flüchtlingsfrage und der Wahlergebnisse der Folgejahre eine neue, kontroversere und im Hinblick auf den gesellschaftlichen Zusammenhalt auch problematischere Dynamik bekommen. Nach der Bundestagswahl 2017, aber auch im Anschluss an die Europawahl 2019 und überhaupt als Reaktion auf das Erstarken rechtspopulistischer Strömungen wurde wiederholt gefordert, die Union müsse wieder konservativer werden, um eine angeblich nach rechts abgewanderte Wählerschaft zurückzugewinnen und um zu verhindern, dass Rechtspopulisten sich weiterhin als einzige „echte" konservative Kraft inszenieren können. Diejenigen, die den Begriff des Konservativen mit einer großen Selbstverständlichkeit aussprechen, bleiben meist eine konkrete inhaltliche Bestimmung und Begründung dessen schuldig, was konservativ eigentlich bedeuten soll. Konservativ ist für einige offenbar nichts weiter als die Summe an inhaltlichen Positionen, denen man hinterhertrauert, eine Chiffre für die vermeintlich gute alte Zeit. Konservativ sind viele immer dann, wenn Vertrautes seine Selbstverständlichkeit verliert oder zumindest infrage gestellt wird, wenn es also im Grunde schon zu spät ist und man nicht mehr Bestehendes bewahrt, sondern Vergehendes.

Viele Konservative setzen allgemeiner an und verstehen das Konservative im Sinne von *„Prüft alles und behaltet das Gute!"* (Erster Brief an die Thessalonicher 5,21). Allerdings bleibt auch hier unklar, was das Gute denn überhaupt zum Guten macht – dass die Positionen innerhalb des politischen Spektrums hier weit auseinandergehen, liegt auf der Hand.

All jenen, die wiederholt fordern, die Union müsse wieder konservativer werden, sage ich: Nein! Wir brauchen eine Rückbesinnung auf das „C", das Christliche. Das Christliche Menschenbild ist der Kompass, an dem sich unser inhaltliches Profil und unser politisches Handeln ausrichten muss: In ihm gründen alle anderen

Selbstzuschreibungen der Union: liberal, sozial und konservativ stehen niemals für sich, sondern ergeben sich aus dem „C“ und werden erst durch die integrative Kraft des Christlichen Menschenbildes sinnvoll zusammengeführt. Was wir als Unionsparteien, ja auch als Gesellschaft benötigen, ist kein Mehr an konservativen Positionen, sondern ein Mehr an Orientierung am Christlichen Menschenbild. Dieses Buch widerspricht mit Nachdruck der Behauptung, wir müssten wieder konservativer werden, und wirbt für eine Politik, die sich am Christlichen Menschenbild ausrichtet.

Das bedeutet aber auch, dass wir gerade keine „christliche“ Politik machen. Mandatsträger sind in der Ausübung ihres Mandates keine Missionare. Ich bin überzeugt, dass das Christliche Menschenbild als Kompass auch und gerade in einer säkularen Gesellschaft und jenseits des persönlichen christlichen Bekenntnisses Orientierung bieten kann. Dabei ist klar: Von einem Christlichen Menschenbild im Singular zu sprechen, ist angesichts der Vielfalt von Traditionslinien, Theologien und Spiritualitäten des Christentums eine Vereinfachung. Dennoch können wir von „dem“ Christlichen Menschenbild sprechen, da die vielen verschieden nuancierten christlichen Menschenbilder einen gemeinsamen Kern haben.* Welche Relevanz dem Christlichen Menschenbild in Anbetracht einer wachsenden Vielfalt an Lebensentwürfen, Wertegefügen und Weltanschauungen zukommt, will ich im Folgenden aus meiner Perspektive als bekennender Christ und langjähriger Politiker aufzeigen. Um die Konturen des Christlichen Menschenbildes

* Wo das christliche Menschenbild in diesem Sinne gemeint ist, wird es in diesem Buch mit einem großen – man könnte auch sagen: hohen – C geschrieben.

näher zu skizzieren, werde ich punktuell auch eine theologische Perspektive einnehmen, etwa dort, wo es um die revolutionäre Idee der jüdisch-christlichen Überlieferung geht, dass der Mensch Ebenbild Gottes ist. In einem weiteren Kapitel werde ich einige Leitideen für eine Politik auf der Grundlage des Christlichen Menschenbildes vorstellen und sodann anhand einer Reihe konkreten politischen Problemfeldern veranschaulichen, wo und wie sich eine solche Politik zeigt. Die folgenden Ausführungen sind dabei von der Überzeugung getragen, dass wir als Menschen zur Freiheit berufen und zum Dienst an unserem Nächsten verpflichtet sind (Brief an die Galater 5,13).

Kapitel 1: Christliches Menschenbild und säkulare Gesellschaft?

Pluralismus – Chance und Herausforderung

In unserer heutigen Zeit für das Christliche Menschenbild als Kompass zu werben, ist keine Selbstverständlichkeit. Das Christentum und mit ihm die Werte, die es anbietet, sind längst eine Option unter vielen. Neben der Vielfalt an religiösen Weltanschauungen ist auch eine zunehmende Säkularisierung unserer Gesellschaft zu beobachten. Derzeit sind etwa 55 Prozent der Deutschen Mitglied einer Kirche, ungefähr 36 Prozent sind – zumindest in formaler Hinsicht – konfessionslos. Eine von der evangelischen und katholischen Kirche geförderte Studie[2] der Universität Freiburg ergab kürzlich, dass sich bis 2060 die Anzahl der Kirchenmitglieder in Deutschland halbieren wird. Statt der derzeitigen 44,8 Millionen wird es dann etwa 22,7 Millionen Christen in unserem Land geben. Der Hauptgrund hierfür wird darin gesehen, dass es für Eltern immer weniger selbstverständlich ist, ihre Kinder taufen und so in das kirchliche Leben hineinwachsen zu lassen. Neben den christlichen Kirchen ist auch der Islam – als zweitgrößte Religionsgemeinschaft in Deutschland – eine maßgebliche Größe innerhalb der zunehmenden weltanschaulichen Vielfalt Deutschlands. Die Abwendung von institutionellen Formen des Christentums nimmt nicht nur in organisierter Form zu, sondern in einer oft diffusen Prägung, die aber gleichwohl das öffentliche Leben mitbestimmt.

Doch derartige Pluralisierungsprozesse sind nicht nur im Hinblick auf Religionen und Weltanschauungen festzustellen. Vergleichbare Beobachtungen lassen sich auch in Bezug auf andere Bereiche des gesellschaftlichen Lebens machen: Wir können also von einer Pluralisierung der Lebensformen sprechen. Besonders deutlich wird dies bei den Familien: Zur klassischen Kernfamilie aus verheirateten Eltern und ihren leiblichen Kindern treten vielfältige Beziehungs- und Familienkonstellationen hinzu.

Angesichts dieser Vielfalt stellt sich die Frage, welche Relevanz das Christliche Menschenbild überhaupt noch für sich beanspruchen kann. Ist es nicht vielmehr so, dass gerade die gesellschaftliche Pluralisierung und die Abnahme der Zahl von Kirchenmitgliedern als ein Relevanzverlust des Christlichen zu werten ist? Ist es überhaupt noch angemessen, in der säkularen und pluralistischen Gesellschaft, in der wir leben, von einem Christlichen Menschenbild zu sprechen, geschweige denn es als Kompass politischen Handelns ins Gespräch zu bringen? Welche Rolle kann diesem Menschenbild angesichts des Plurals von Weltanschauungen und Lebensformen noch zukommen?

Als überzeugter Christdemokrat will ich das Christliche Menschenbild als Orientierungsangebot einbringen. Meine Überzeugung ist, dass es Orientierung in einer Zeit der Orientierungslosigkeit bieten kann. Zugleich sind die wachsende Vielfalt und die Tatsache, dass das Christentum längst eine Möglichkeit unter vielen geworden ist, nicht unbedingt Anlass zu Pessimismus. Vielmehr bietet die Pluralisierung große Chancen, weil sie zugleich auch eine Demokratisierung mit sich bringen kann. Mit anderen Worten: Angesichts der Vielfalt und der Selbstverständlichkeit, mit der wir diese akzeptieren, kann niemand – keine Weltanschauung, keine Religion, keine Ideologie – einen Alleinvertretungsanspruch für die Werte und Regeln unserer Gesellschaft beanspruchen. Vielmehr sehen wir uns einem Markt der Weltanschauungen gegenüber, auf dem das „C“ sich nicht (oder jedenfalls nicht mehr) durch Zwang, Konvention, Sitte oder Brauch durchsetzt, sondern durch authentische Überzeugungsarbeit, durch den – wie es Habermas vielfach formuliert hat – zwanglosen Zwang des besseren Argumentes. Gerade angesichts eines Plurals von Optionen kann hier eine bewusste Entscheidung ein Ausdruck echter Freiheit sein – ganz gleich, wie sie ausfallen mag. Auf einem solchen Markt der Weltanschauungen ist es jedermanns Pflicht, seine Grundüberzeugungen deutlich zu machen und sich um einen guten Konsens in gesellschaftlichen und politischen Grundfragen zu bemühen.

Die Gefahr der Selbstvergleichgültigung

Der Fußballclub Real Madrid konnte 2014 die Nationalbank von Abu Dhabi als Sponsor gewinnen. Unaufgefordert entfernte der Verein in der Folge das kleine Kreuz aus dem Logo des Vereins, zumindest auf den Kreditkarten des neuen Sponsors. In diesem Zusammenhang brachte Bischof Wolfgang Huber den Begriff der Selbstvergleichgültigung ins Gespräch.[3] Die Entfernung des Kreuzes geschah unaufgefordert. Mit anderen Worten: Real Madrid sprach dem Emirat Abu Dhabi – eigentlich für seine Weltoffenheit bekannt – von vornherein die Toleranz gegenüber einem christlichen Motiv ab. Das eigentliche Problem der Selbstvergleichgültigung besteht freilich nicht darin, wie Fußballvereine ihre Logos gestalten. Dennoch zeigt dieses plakative Beispiel, was mit Selbstvergleichgültigung gemeint ist: Aus einer offensichtlich überambitionierten und falsch verstandenen Toleranz heraus das eigene, christlich geprägte Profil zu kaschieren, um Konfrontationen zu vermeiden. Doch das Problem einer solchen Selbstvergleichgültigung besteht gerade darin, dass sie dem Gesellschaftsmodell liberaler Demokratien und der Überzeugung entgegenläuft, dass alle Menschen wesentlich gleich sind und gleichermaßen ein Anrecht darauf haben, ihre Kultur und Weltanschauung sichtbar zu machen. Mit den Worten Wolfgang Hubers: *„Selbstvergleichgültigung ist kein Beitrag zur Toleranz. Wo nur Gleichgültigkeit herrscht, wird Toleranz unnötig.“*[4] Demokratische Ordnungen bilden ja gerade jenen Rahmen, innerhalb dessen eine Vielfalt von Kulturen und weltanschaulichen Positionen nebeneinander und miteinander bestehen kann. Sie ermöglichen darüber hinaus aber auch die Anerkennung und das Aussprechen von echten Differenzen, ohne dass damit bereits schon eine Herabsetzung des Gegenübers ausgesagt ist. Konkret bedeutet dies beispielsweise, dass wir dort, wo wir Konfliktpotenzial zwischen bestimmten Ausprägungen des Islams und unseren im Grundgesetz festgeschriebenen Grundrechten, etwa der Gleichberechtigung von Mann und Frau, befürchten, dieses auch offen ansprechen müssen, ohne dass hier bereits Islamophobie unterstellt werden darf. Sich nicht selbst zu vergleichgültigen bedeutet, dass wir in einer zunehmend pluralistischen Gesellschaft gerade nicht darauf verzichten, unsere Stimme zu erheben und darauf hinzuweisen, dass das Christliche Menschenbild etwas beizusteuern hat: nämlich dass es eine Ressource ist, deren Erhalt im Interesse aller ist und die für aktuelle und zukünftige politische Herausforderungen Orientierung bieten kann. Der wichtigste Beitrag von Christen und denjenigen, die sich einer Politik auf der Grundlage des Christlichen

Menschenbildes verpflichtet fühlen, besteht sicher nicht darin, sich selbst durch Schweigen und Selbstrelativierung unsichtbar zu machen, sondern für die eigenen Überzeugungen einzustehen. Gerade in einer Gesellschaft, die zunehmend in allen Bereichen pluralistischer wird und in der andererseits Identität – also die Fragen „Wer bin ich?“ und „Wer sind wir?“ – zu einem bestimmenden politischen Grundthema wird, müssen wir sichtbar machen, wofür wir stehen. Das gilt für die Kirchen, es gilt aber analog auch für den politischen Bereich: Das „C“ sollten wir auch als politische Orientierungsgröße deutlich und grundsätzlich so zur Sprache bringen, dass Menschen sich hiermit identifizieren können.

Säkularer Staat und Christliches Menschenbild

Aber ist nicht die Rede von einem Christlichen Menschenbild bereits ein Widerspruch zum säkularen Selbstverständnis unseres Staates? Sollten wir von Christen – und anderen religiösen Menschen – nicht vielmehr erwarten, dass sie sich im öffentlichen Raum an ein Neutralitätsgebot halten und daher ihre religiösen Ansichten in eine säkulare Sprache übersetzen? Sollten Christen beispielsweise anstatt von Schöpfungsverantwortung in Talkshows und Parteiprogrammen nicht grundsätzlich von Nachhaltigkeit sprechen? Schließlich wäre anzunehmen, dass der Begriff der Schöpfung für die etwa 36 Prozent der Konfessionslosen in Deutschland wenig Überzeugungskraft entfaltet.

Grundsätzlich gilt: Säkularer Staat und Christliches Menschenbild sind kein Widerspruch. In eleganter Deutlichkeit findet sich diese Einsicht im viel zitierten und im Grundsatz bleibend aktuellen Böckenförde-Diktum, das besagt, dass der freiheitlich-demokratische Staat von Voraussetzungen lebt, die er selbst nicht zu garantieren vermag.[5] Diese Beobachtung des Rechtsphilosophen Ernst-Wolfgang Böckenförde beschreibt zunächst eine Realität, sie ist also deskriptiv und betrifft den Ist-Zustand, ohne eine Soll-Aussage zu treffen. Böckenförde dachte bei seiner Aussage vor allem an das Verhältnis zwischen dem Staat und den Kirchen. Aber genau dieser Zustand, dass der Staat von Voraussetzungen lebt, die er selbst nicht garantieren kann, besteht unter veränderten Bedingungen weiter. Heute trifft das Diktum allerdings nicht nur für die Kirchen, sondern auch andere weltanschauliche Gruppen zu. Die Tatsache, dass Religionen und Glaubensüberzeugungen für das gesellschaftliche Zusammenleben in einem Staat wichtige Ressourcen sind, bedeutet sodann auch, dass man als Politiker ein vitales Interesse daran haben muss, dass das „C" präsent bleibt. Kein Politiker – egal welcher Couleur – kann ernsthaft wirklich wollen, dass sich das Christentum zurückzieht. So hat auch der Linken-Politiker Gregor Gysi zu Recht geäußert, dass er in einer religionsfreien Gesellschaft nicht leben wolle, und ergänzt: „*Ohne die Bergpredigt hätten wir überhaupt keine allgemeinverbindliche Moral.*"[6]

Religionen, Glaubensüberzeugungen und Weltanschauungen bilden jenen Rahmen, innerhalb dessen der Einzelne entscheidet, was für ein Mensch er sein möchte, wie er handeln will, wie er gut und böse, richtig und falsch unterscheidet, welche Maximen für ihn in seinem Handeln leitend sind und wie er sich bei Güterabwägungen verhalten will. Religionen können somit zum Handeln motivieren und beispielsweise zur Fürsorge für Mitmenschen antreiben. Das gilt nicht exklusiv – aber eben auch – für Religionen. Eine Gesellschaft, die taub ist für religiöse Stimmen, beraubt sich elementarer Ressourcen. Dass ein Staat einerseits weltanschaulich neutral ist und andererseits ein offenes und kooperatives Verhältnis zu Religionsgemeinschaften, insbesondere auch dem Christentum, einnimmt, ist kein Widerspruch: Der Staat mag weltanschaulich neutral sein, aber er ist nicht wertneutral. Als Gesellschaft sind wir auf mehr als nur wirtschaftliche Erfolge, wissenschaftlichen Fortschritt, Wohlstand und politischen Frieden angewiesen: Unser Gemeinwesen braucht ein geteiltes Wertefundament, auf dem wir als Bürger Vertrauen zueinander bilden können. Wir können dieses Vertrauen als „soziales Kapital" betrachten. Weil mit dem Christlichen Menschenbild Werte zum Ausdruck gebracht werden, haben diese auch im säkularen Staat einen festen Platz, da wir aus ihnen ebendieses soziale Kapital schöpfen können, das unsere Zivilgesellschaft zusammenhält. Dass der freiheitlich-demokratische Staat gerade nicht wertneutral ist und auf Wertehaltungen angewiesen ist, die er selbst nicht einfach schaffen kann, bringt Volker Ladenthin dabei wie folgt auf den Punkt: „*Der Staat kann das christliche Menschenbild nicht setzen, er kann es aber voraussetzen.*"[7]

Wir hatten eingangs gefragt, ob in einem säkularen Staat nicht erwartet werden darf, dass religiöse Bürger ihre Positionen in eine säkulare Sprache übersetzen, wenn sie sich an öffentlichen Diskursen beteiligen. Diese Frage ist mit einem deutlichen „Jein" zu beantworten. Denn gerade weil der Staat seinen Bürgern Religionsfreiheit einräumt, darf er von ihnen nicht grundsätzlich verlangen, dass sie alle ihre religiösen Überzeugungen in eine säkulare Sprache übersetzen (wenn das überhaupt möglich wäre). Der säkulare, weltanschaulich neutrale Staat darf von seinen Bürgern nicht erwarten, dass sie selbst in ihrer persönlichen Lebensführung ebenfalls säkular sind. Religion und mit ihr eine religiös geprägte Sprache dürfen nicht einfach aus dem Bereich der Öffentlichkeit verbannt oder gar tabuisiert werden: Eine solche Erwartungshaltung wäre ein Verstoß gegen die weltanschauliche Neutralität, die auch bedeutet, dass der Staat areligiöse und säkulare Weltanschauungen nicht prinzipiell bevorzugen darf. Es wäre eine Aushöhlung des Grundrechts auf Religionsfreiheit, wenn man es auf die negative Religionsfreiheit reduzieren würde. Religionsfreiheit bedeutet auch, dass jeder Bürger das Recht hat, die Gründe zu nennen, die für ihn in moralischen oder politischen Fragen leitend sind. Aktualität und Relevanz des Christlichen Menschenbildes leben davon, dass wir uns einerseits seiner normativen Leitvorstellungen bewusst sind, und es andererseits schaffen, diese so zur Sprache zu bringen, dass sie auch dort nachvollziehbar sind, wo Menschen anderen weltanschaulichen Kontexten entstammen.

Allerdings gibt es einen Bereich, in dem diese Übersetzungsleistung tatsächlich erbracht sein muss: im Parlament. Abgeordnete sind keine Interessenvertretungen für bestimmte Gruppen, sondern vertreten das ganze Volk, säkulare wie religiöse Bürger, und müssen daher ihre Positionen so zur Sprache bringen, dass sie für jeden prinzipiell verständlich und zustimmungsfähig sind. Konkret: Wer im Parlament beispielsweise gegen eine Liberalisierung im Hinblick auf Schwangerschaftsabbrüche oder die assistierte Selbsttötung argumentieren will, kann sich dabei nicht auf Bibelzitate oder die Autorität päpstlicher Enzykliken beziehen, sondern muss für die eigene Überzeugung rational eintreten. Hier gilt allerdings auch: Abgeordnete vertreten zwar das ganze Volk, aber – so formuliert es das Grundgesetz in Artikel

38 – sie sind nicht an Aufträge oder Weisungen gebunden und allein ihrem Gewissen unterworfen.

Dabei kommt ein weiterer Aspekt der Eigenart parlamentarischen Handelns zum Tragen. Denn während Kirchen bei der Formulierung ihrer Positionen nicht auf Mehrheiten oder die Zustimmung anderer angewiesen sind, stehen politische Verantwortungsträger, vor allem Abgeordnete, oft vor einem Dilemma: Gesetzgebungsprozesse sind auf Mehrheiten angewiesen. Dieses Spannungsverhältnis zwischen Wahrheit und Mehrheit lässt sich nur durch das Aushandeln von Kompromissen überwinden. Solche Kompromisse sind auf eine gemeinsame Verständigungsbasis angewiesen, die gerade auch jenseits konfessioneller, religiöser und weltanschaulicher Differenzen tragen muss. Auch deswegen ist es notwendig, rational und ohne religiöse Vorannahmen für den eigenen Standpunkt zu werben. Abgeordnete stehen vor dem Dilemma, einerseits Kompromisse eingehen und sich so teilweise auch von der eigenen Position entfernen zu müssen, und andererseits auch nicht einfach nichts tun zu können. Auch der Verzicht zu handeln ist eine Handlung, die einer moralischen Rechtfertigung bedarf. Wo politische Verantwortungsträger sich aus idealistischen oder ideologischen Erwägungen heraus grundsätzlich einer Kompromissfindung verweigern, darf gefragt werden, ob sie der ihnen übertragenen Verantwortung gerecht werden.

Christliche Politik?

Parteien, die das „C“ im Namen führen, müssen sich die Frage gefallen lassen, ob sie denn christliche Politik machen. Hier ist mit Nachdruck zu betonen: CDU und

CSU machen keine christliche Politik, sondern Politik auf der Grundlage des Christlichen Menschenbildes. Christliche Politik könnte so zu verstehen sein, dass die C-Parteien der verlängerte Arm der Kirchen sind. Dabei muss klar gesagt werden: CDU und CSU sind nicht Ausführungsorgan der Kirchen. Sie sind gleichwohl auf die Kirchen als orientierungsgebende Gesprächspartner angewiesen. Das Verhältnis zwischen Kirchen und Parteien, die sich an dem Christlichen Menschenbild ausrichten, ist geprägt von einer produktiven Distanz. Kirchen geben Politik nicht einfach vor, sind aber ein wichtiger Gesprächspartner für Parteien. Die Stellung der Kirchen ist dabei allerdings nicht exklusiv: Auch andere Religions- und Weltanschauungsgemeinschaften können ein wichtiger Gesprächspartner der Politik sein.

Christliche Politik hingegen kann es nicht geben, sondern nur eine Politik aus dem Geist christlicher Verantwortung für Gesellschaft und Staat. Aus dieser Verantwortung heraus machen Christen Politik und orientieren sich dabei am Christlichen Menschenbild. „Christliche Politik" hat zudem einen exklusivistischen Beigeschmack, als ob sie nur von und für Christen betrieben würde. Das Selbstverständnis der CDU hingegen war stets inklusiv: Nicht nur Katholiken und Protestanten sollten in ihr eine politische Heimat finden, sondern auch jene, die religiös und weltanschaulich nicht im Christentum beheimatet sind. Der entscheidende Punkt ist: Eine exklusivistisch verstandene „christliche" Politik wäre ihrerseits ganz und gar nicht christlich. Denn es gehört maßgeblich zum Christlichen Menschenbild, gerade keine Unterschiede zwischen Menschen – etwa aufgrund ihrer Religion – zu machen. Gerade weil wir der Überzeugung sind, dass diejenigen Werte, die wir in unserem Kulturkreis auf das Christliche Menschenbild gründen, universell sind und ausnahmslos gelten sollten, kann sich eine Politik, die sich auf das „C“ beruft, nicht auf Christen beschränken oder diese grundsätzlich bevorzugen.

Wie wir insbesondere im Hinblick auf die rechtspopulistische Vereinnahmung des Christlichen (in Kapitel 5) sehen werden, sind das Herabsetzen und Ausgrenzen anderer Menschen mit dem Christlichen Menschenbild nicht nur unvereinbar, sondern dessen totale Verkehrung. Eine Partei, die sich am Christlichen Menschenbild orientiert, würde ihre eigene ethische Basis untergraben, wenn sie „christliche“ Politik im Sinne einer Politik von Christen für Christen betreiben würde. Dass Nächstenliebe nicht vor religiösen Grenzen haltmachen darf, ist bereits ein Kerngedanke des Evangeliums. Man denke etwa an das Gleichnis vom Barmherzigen Samariter im Evangelium nach Lukas 10,25–37. CDU und CSU sind keine christlichen Parteien, sie haben keinen religiösen Exklusivitätsanspruch, weder im Hinblick auf ihre Mitglieder noch im Hinblick auf die Adressaten ihrer Politik. Darüber hinaus ist das Christliche Menschenbild für C-Parteien Kompass. Es bietet Orientierung und kann als Prüfstein dienen, aber es lassen sich aus ihm keine direkten und konkreten Normen ableiten. Es bietet als Koordinatensystem einen Rahmen, in dem politische Kompromisse ausgehandelt werden. Dass die CDU weder christliche Politik macht noch eine christliche Partei im engeren Sinne ist, ist bereits von ihrem Selbstverständnis als Volks- und nicht als Konfessionspartei her verständlich: Vom Beginn ihrer Existenz an wollte die CDU nicht nur politische Heimat für Angehörige einer bestimmten Konfession sein, sondern eine Brücke schlagen zwischen Bürgern verschiedenen Glaubens und verschiedener sozialer Schichten. Ihr Selbstverständnis war von Beginn an integrativ. Die Kölner Leitsätze aus dem Jahr 1945 bilden eines der Gründungsdokumente der „Christlich Demokratischen Union". Zwar spricht sich das Dokument für einen christlichen Sozialismus aus – eine Position, die die Union nur wenige Jahre später gänzlich hinter sich lassen sollte –, zugleich enthält es aber bereits wichtige Festlegungen für die Verhältnisbestimmung zwischen Partei und Religion:

„Was uns in dieser Stunde der Not allein noch retten kann, ist eine ehrliche Besinnung auf die christlichen und abendländischen Lebenswerte […]. Ein freies Volk soll wiedererstehen, dessen Grundgesetz die Achtung der menschlichen Würde ist. […] Alle religiösen Bekenntnisse sind frei in ihrer öffentlichen Betätigung."[8]

Klar ist also von Anbeginn: Es geht nicht um Konfessionalismus, es geht nicht darum, eine christliche Klientelpolitik zu machen, sondern darum, sich auf ein Wertefundament zu besinnen, das christlich und abendländisch ist und in dessen Mitte die Achtung der menschlichen Würde steht, unabhängig vom Bekenntnis. Während andere Grundüberzeugungen durchaus noch Änderungen und Anpassungen erfuhren – zu denken ist etwa an die Hinwendung zur Sozialen Marktwirtschaft in den Düsseldorfer Leitsätzen vom 15. Juli 1949 –, blieb das integrative Verständnis der Union als werteorientierter Volkspartei ihr Herzstück. So hält es auch das erste Grundsatzprogramm aus dem Jahr 1978 in seiner Präambel fest:

„Die Christlich Demokratische Union Deutschlands ist eine Volkspartei. Sie wendet sich an alle Menschen in allen Schichten und Gruppen unseres Volkes. Die Politik der CDU beruht auf dem christlichen Verständnis vom Menschen und seiner Verantwortung vor Gott. […] Aus

christlichem Glauben lässt sich kein bestimmtes politisches Programm ableiten. Aber er gibt uns mit seinem Verständnis vom Menschen eine ethische Grundlage für verantwortliche Politik. Auf dieser Grundlage ist gemeinsames Handeln von Christen und Nichtchristen möglich."[9]

Das Bemerkenswerte an dem Programm von 1978 ist zum einen, dass es sehr explizit von christlich spricht, zugleich aber deutlich macht, dass es nicht darum geht, ein politisches Programm aus einer religiösen Überzeugung abzuleiten, sondern um ein ethisches Fundament, das auch Nichtchristen zugänglich ist. Hier zeigt sich: Die CDU verstand sich nicht als christliche Partei, sondern als eine konfessionsübergreifende, soziale Schichten verbindende Volkspartei. Es ist darüber hinaus bemerkenswert, dass das Wörtchen konservativ ausgerechnet in diesem ersten Grundsatzprogramm der Union ein einziges Mal vorkommt, und zwar nicht unmittelbar als Selbstzuschreibung, sondern als eine beiläufig erwähnte politische Ausrichtung. Das Wörtchen christlich taucht – abgesehen vom Parteinamen – fünfmal im Dokument auf. Es ist daher ein gewisser Anachronismus, wenn einzelne Stimmen in der Union behaupten, man müsse sich wieder auf konservative Werte besinnen. Die Selbstbezeichnung konservativ war niemals maßgeblich für das Selbstverständnis der Union. Das sollte auch für heute gelten.

Ist Politik auf der Grundlage des Christlichen Menschenbildes konservativ?

Eine Politik, die sich am Christlichen Menschenbild ausrichtet, ist – und das mag manchen überraschen – nicht unbedingt konservativ. Die Schwierigkeit dieser

Frage besteht vor allem darin, dass der Begriff des Konservativen mit völlig verschiedenen Bedeutungen besetzt wird und unbestimmt bleibt, was mit konservativ eigentlich gemeint ist. Der SPD-Politiker Erhard Eppler hat den Begriff konservativ unterschieden in strukturkonservativ und wertkonservativ: Wer sich für den Erhalt bestimmter als wertvoll erachteter Güter, etwa der Natur oder der Solidarität, einsetzt, gilt in dieser Unterscheidung als wertkonservativ, während diejenigen, denen es um den Erhalt von Machstrukturen und Privilegien geht, als strukturkonservativ eingeordnet werden. Durch diese Unterscheidung wurde es auch jenseits des oftmals als konservativ betrachteten politischen Lagers der Unionsparteien möglich, sich den Begriff des Konservativen zu eigen zu machen. Vor dem Hintergrund dieser Unterscheidung bezeichnete sich etwa Bundeskanzler Helmut Schmidt (SPD) als konservativ und die SPD als „Partei der Reform und des Bewahrens“[10]. Auch die Grünen haben kaum Berührungsängste mit dem Konservativen, wie etwa das Plädoyer des Grünen-Ministerpräsidenten Winfried Kretschmann für „eine neue Idee des Konservativen“ zeigt.[11] Hier zeigt sich bereits, dass die Behauptung, konservativ zu sein, schon lange kein christdemokratisches Alleinstellungsmerkmal mehr ist. Alle, die für sich selbst in Anspruch nehmen, konservativ zu sein, stimmen zunächst darin überein, dass es dabei grundsätzlich darum geht zu bewahren, zu erhalten und zu schützen. Damit ist der Begriff des Konservativen allerdings auch eine Leerformel, denn: Was genau eigentlich bewahrt oder erhalten werden soll, geht aus dem Begriff des Konservativen gar nicht hervor.

Bereits aufgrund dieser begrifflichen Unbestimmtheit ist unverständlich, warum einige Stimmen meinen, die Union müsse sich wieder verstärkt auf ihr konservatives

Profil stützen. Viel dringlicher ist es aus meiner Sicht, darüber zu sprechen, welche politischen Positionen es wert sind, beibehalten zu werden, und welche sich als überholt erwiesen haben. Was also geschützt oder erhalten werden sollte, muss sich an einem Wertemaßstab messen lassen. Dieser Maßstab ist für mich das Christliche Menschenbild, in dessen Licht sich beurteilen lässt, wo vermeintlich konservative Positionen eventuell auch zu verwerfen sind oder der Korrektur bedürfen, aber auch, was erhaltenswert ist.

Die Selbstbezeichnung „konservativ" ist dann plausibel, wenn eine solche einerseits eingebettet ist in ein größeres Wertegefüge und andererseits auch inhaltlich näher auf diesem Fundament bestimmt wird. Nimmt man die Unterscheidung von Eppler auf, dann ist eine Politik auf der Grundlage des Christlichen Menschenbildes durchaus wertkonservativ, aber nur in dem Sinne, dass sie bestimmte Grundwerte für universell gültig hält. Hierzu gehört ganz wesentlich die Würde des Menschen. Eine Politik, die sich am Christlichen Menschenbild ausrichtet, ist allerdings gerade nicht konservativ in ihren konkreten politischen Forderungen. Vielmehr ist es ihre Aufgabe, die Zeichen der Zeit zu lesen, neue Herausforderungen innovativ anzugehen und auch den Mut zu haben, vorherige Meinungen und Positionen anzupassen und zu korrigieren. Als Kompass dient dabei das Christliche Menschenbild: die konkrete Umsetzung derjenigen Grundwerte, an denen sich C-Parteien orientieren, ist immer abhängig vom jeweiligen Kontext. Eine solche Politik orientiert sich also am Allgemeinen, wirkt aber jeweils im Konkreten und nimmt dabei die Lebenswirklichkeit der Menschen ernst.

Sich im politischen Handeln am Christlichen Menschenbild zu orientieren, bedeutet, offen zu sein für weitere Entwicklungen und die Werte, an denen man sich orientiert, jeweils neu und situationsgerecht zu übersetzen. Wenn eine am „C“ orientierte Politik also konservativ ist, dann nur im Sinne einer Gleichzeitigkeit von progressiv und konservativ: Der gute Konservative weiß, dass er das, was er erhalten will und soll, auch *up to date* bringen muss. Bewährtes kann im Hinblick auf neue Herausforderungen nicht anders geschützt und bewahrt werden als durch kluge perspektivische Erneuerungen. Der Theologe und langjährige Bundestagspräsident Eugen Gerstenmaier kritisierte am deutschen Konservatismus bereits 1962 dessen *„unkritisches Verhältnis zur nationalen Attitüde“* und sein *„defensives Beharren auf einer [...] patriarchalisch gestimmten Gesellschaftspolitik“*[12]. Für Gerstenmaier war Konservatismus nur *„ohne materielle politische Zielsetzung“* und nur als Haltung überhaupt sinnvoll.[13] Diese Haltung bestand für ihn darin, *„sich dem geschichtlichen Zusammenhang zu stellen und sich hin[zu]ordnen auf das, was immer gültig bleibt, also auf innere Werte, die auch im Wandel der Geschichte unbedingte Gültigkeit beanspruchen dürfen“*[14]. Das Wertegefüge, das ebendiese unbedingte Gültigkeit beanspruchen darf, ist das Christliche Menschenbild. Angesichts eines fortlaufenden gesellschaftlichen Wandels dürfen wir nicht in einen materiell-politischen Konservatismus oder Traditionalismus verfallen oder dem Neuen in unversöhnlicher Gegnerschaft entgegentreten, sondern uns bemühen, unter gewandelten Bedingungen neue Mittel einzusetzen, um an bewährten Zielen festhalten zu können. Konservativ ist an der Union einzig und allein die Bewahrung des Christlichen Menschenbildes als ihres Identitätskerns.

Konservativ, liberal, christlich-sozial?

Das Grundsatzprogramm der CDU von 2007 besagt, dass die CDU sowohl konservative, liberale als auch christlich-soziale Wurzeln hat.[15] Aus meiner Sicht kommt es hier ganz wesentlich darauf an, dass konservativ, liberal, sozial und christlich nicht einfach beziehungslos nebeneinanderstehen. Das „C" bildet vielmehr die Mitte und den Maßstab, aus dem und an dem sich sozial, liberal und konservativ ableiten und zugleich messen lassen müssen. Das Christliche Menschenbild betrachtet den Menschen als zur Freiheit befreit und befähigt. Es ist in dieser Anerkennung und Betonung der Freiheit des Einzelnen und der Zurückweisung staatlicher und ideologischer Bevormundung liberal. Zugleich steht der Einzelne mit seiner Freiheit in einem sozialen Verantwortungsgefüge: Andere tragen Verantwortung für ihn, und er für sie. Aus dem Christlichen Menschenbild leitet sich insofern auch das Soziale ab, das sich etwa in den Sozialprinzipien der Solidarität und der Subsidiarität in besonderer Deutlichkeit ausdrückt. Das Konservative ist seinerseits unmittelbar im „C" verankert, und zwar dann, wenn es darum geht, Grundwerte – auch und gerade unter veränderten Bedingungen – zu bewahren. Dies ist beispielsweise der Fall, wenn es darauf ankommt, für den Schutz der Würde des Menschen im medizinethischen Spannungsfeld von Autonomie und Fürsorge einzutreten. Das „C" ist also weder deckungsgleich mit konservativ, noch geht es in sozialen oder liberalen Ideen auf. Vielmehr lässt sich das „C" beschreiben als ein Band, das soziale, konservative und liberale Konzepte zusammenhält, sie in Beziehung setzt und ihnen ein gemeinsames Fundament gibt. Wie wir mit einem vertieften Blick in die verschiedenen Programme der CDU noch sehen werden, hat das „C" im Selbstverständnis der Union von

Anbeginn an eine weitaus zentralere Bedeutung gehabt als die Selbstzuschreibungen liberal und konservativ, die in den Grundsatzprogrammen und Gründungsdokumenten, wenn überhaupt, nur beiläufig erwähnt werden. Es steht außer Zweifel, dass die Union – will sie Volkspartei bleiben – ein breites Spektrum an politischen Grundeinstellungen zulassen muss. Allerdings ist das „C“ dabei nicht eine von mehreren Optionen, sondern das Fundament und die Quelle, aus der heraus sich inhaltlich näher bestimmen lässt, wie liberale, soziale und konservative Politik kohärent zu gestalten ist.

Woher wissen wir, was das Christliche Menschenbild beinhaltet?

Mit dem Evangelium allein können wir keine Politik machen. Die naheliegende Frage, woher wir eigentlich wissen, was das Christliche Menschenbild grundsätzlich ausmacht, lässt sich nicht mit dem Hinweis auf *eine* bestimmte Quelle beantworten. Historisch gilt bereits für die Evangelien selbst, dass sie auf eine Vielzahl von Quellen verwiesen sind: Einerseits das zeitgenössische Judentum, die biblischen Texte des Alten Testaments, aber auch die römisch-griechische Kultur. Eine weitere Schwierigkeit im Hinblick auf diese Frage besteht auch darin, dass sich das Christliche von einem humanistischen Menschenbild nicht immer trennscharf unterscheiden lässt, weil beide teilweise auch aus den gleichen Quellen schöpfen. Humanismus und Christliches Menschenbild sind also keine Gegenbegriffe, sondern in vielem miteinander kompatibel, was sich etwa im christlichen Humanismus ausdrückt. Aus meiner Sicht wäre es zu kurz gegriffen, wenn man sich in der Bestimmung des Christlichen Menschenbildes beispielsweise ausschließlich auf biblische Texte bezieht. Vielmehr geht es darum, wie bestimmte maßgebliche Konzepte aus der jüdisch-christlichen Tradition eine Entfaltung und Rezeption erfahren haben. Hierzu gehört für mich selbstverständlich auch die Aufklärung, die entgegen anderer Narrative keine Gegenbewegung zur jüdisch-christlichen Tradition ist, sondern sich verstehen lässt als ein innerjüdischer und innerchristlicher Lernprozess. So verstanden ist es auch kein Widerspruch, wenn sich in unserem Verständnis des Christlichen Menschenbildes Grundsätze wiederfinden, die durch die Aufklärung mitgeprägt sind. Christliches Menschenbild und Humanismus schöpfen also nicht nur aus einer gemeinsamen Tradition, sondern sie bilden in vielem auch eine gemeinsame Kultur. Wenn auch in biblischen Texten wesentliche Aspekte des Christlichen Menschenbildes angelegt und ausgesprochen sind, so kommen diese doch auch durch ihre Rezeptionsgeschichte, durch zeitgenössische gesellschaftliche Diskurse, durch den Dialog mit den Kirchen und anderen gesellschaftlichen Akteuren zu ihrer eigentlichen Entfaltung.

Auf der Ebene des Individuums ist zudem die eigene, persönliche Religiosität oder Weltanschauung als Quelle dieses Menschenbildes zu benennen. Dabei ist klar: Ein Abgeordneter muss hier die Balance finden zwischen seinem persönlichen Glauben und der Aufgabe, sein politisches Handeln für alle Bürger – und eben nicht nur diejenigen, die seine religiöse Überzeugung teilen – plausibel zu machen. Politisches Handeln muss sich in einem säkularen Staat auch der Prüfung öffentlicher Vernunft aussetzen. Auf der unmittelbar persönlichen Ebene ist die Entscheidung mancher Abgeordneter, sich politisch zu betätigen, mit durch ihren christlichen Glauben geprägt. Ihr Glaube ist also für ihr Handeln relevant.

Die Frage nach den Grundgehalten eines Christlichen Menschenbildes lässt sich schließlich nicht ohne Rekurs auf die biblische Überlieferung beantworten, weil sie aller Rezeption vorausliegt. Von der Idee der Gottebenbildlichkeit des Menschen wüssten wir ohne den biblischen Befund – der seinerseits auf Deutung angewiesen ist – überhaupt nichts. Aber auch konkretere, handlungsrelevante Prinzipien lassen sich im Gespräch mit der Bibel entdecken: Man denke etwa an das Evangelium nach Lukas 10,25–37, einem der bekanntesten und eindrücklichsten Texte der Evangelien, in dem Jesus auf die Frage, wer unser Nächster eigentlich ist, mit einem interessanten Perspektivenwechsel antwortet: Die eigentliche Frage ist gar nicht: „Wer ist für mich mein Nächster?“, sondern, wie der Theologe Peter Knauer es zuspitzte: *„Für wen bin ich Nächster, weil er oder sie meine Hilfe braucht?“*[16]. Der Universalismus des Christlichen Menschenbildes, dass also jedem Menschen – unabhängig davon, welches Verhältnis er zu mir einnimmt, welche Religion er hat oder welchem Volk er angehört – in Not geholfen werden muss, tritt hier besonders pointiert in Erscheinung. Ein solcher Text kann für uns beispielsweise Mahnung sein und uns daran erinnern, dass wir als Politiker in unserem politischen Handeln allen gleichermaßen Verantwortung schulden und dass Politik niemals zum Werkzeug von Diskriminierung werden darf, sondern ihr entgegenwirken muss, und dass Solidarität nicht entlang ethnischer, religiöser oder sozialer Demarkationslinien versagt werden kann.

Die Tatsache, dass sich das Christliche Menschenbild nicht einfach auf *einen* bestimmten Ursprung zurückführen lässt, sondern bis heute einer Dynamik entspringt, die sich einerseits selbstverständlich aus theologischen, aber eben auch aus säkularen Quellen speist, ist eine große Chance. Denn gerade diese Dynamik zeigt doch, dass es möglich ist, neue Perspektiven in das Christliche Menschenbild zu integrieren, in einen echten Austausch mit den Zeichen der Zeit zu treten und eben nicht einfach an vermeintlich konservativen Werten festhalten zu müssen. Die Stärke des Christlichen Menschenbildes liegt schließlich gerade in seiner Einfachheit: Auch wenn es in einer theologisch und historisch komplexen und vielschichtigen Tradition gründet, so ist es doch als politische Orientierungsgröße zugänglich, leicht verständlich und praxistauglich.

Wahrheitsanspruch und Toleranz: Wie geht das zusammen?

Wo Religion im Spiel ist, werden Wahrheitsansprüche formuliert, die jegliche Toleranz gegenüber Andersdenkenden konterkarieren – so eine gängige These, die durchaus Plausibilität hat. Es ist jedenfalls nicht selbstverständlich, dass Toleranz und Wahrheitsanspruch gut miteinander vereinbar sind. Hier ist entscheidend, dass eine Religionsgemeinschaft nach innen, also für ihren eigenen, internen Bereich, ihren Wahrheitsanspruch selbstverständlich vertreten kann, dieser Wahrheitsanspruch aber gerade nicht auf die Gesellschaft als Ganze übertragen werden darf. In einer demokratischen Gesellschaft ist ein Plural von Wahrheitsansprüchen immer zulässig. Hier deutet sich bereits ein Problem vieler Länder der islamischen Welt an, in der ein religiöser Wahrheitsanspruch auf die Gesellschaft als Ganze ausgeweitet oder dies zumindest versucht wird. Das Christliche Menschenbild macht gerade keinen religiösen Wahrheitsanspruch geltend, sondern bietet auf dem Markt der Sinnentwürfe und Weltanschauungen etwas – zwanglos – an.

Aus christlicher Sicht lässt sich heute sagen, dass Wahrheit wirbt und nicht zwingt. Sie setzt sich durch Argumente, Erkenntnis und Begegnung, nicht mit Gewalt oder Druck durch. Wer Glaubenswahrheit mit Zwang durchsetzen will, wie dies in einer Reihe von islamischen Staaten etwa dann der Fall ist, wenn Apostasie unter Strafe gestellt wird, zeigt hierdurch bereits, dass er sich der Überzeugungskraft dieser Wahrheit nicht sicher ist. Glaube kann allerdings nur vom Zeugnis, nicht vom Zwang leben.

Das „C" in den Grundsatzprogrammen der Union – ein Überblick

Weil Politik immer auch pragmatisch und sachbezogen ist, zumal bei regierenden Parteien, ist es bisweilen schwierig, in einzelnen politischen Entscheidungen und Gesetzesvorhaben das dahinterliegende Wertefundament zu erkennen. Es ist daher lohnenswert, die Gründungsdokumente und Grundsatzprogramme der Union zu betrachten, weil sie Aufschluss darüber geben, wie das „C“ von der Union inhaltlich verstanden wurde und wird und welcher Stellenwert ihm im Selbstverständnis der CDU zukommt. Ein solcher Rückblick in die programmatische Seele der Partei ist gerade auch im Hinblick auf die Frage, ob die Union wieder konservativer werden muss, von erheblicher Bedeutung. Dass die CDU auch in ihren Anfangsjahren keine konservative oder rechte Sammelbewegung war, bezeugt Konrad Adenauer:

> *„Ich war damit nicht einverstanden, daß man davon sprach, daß die CDU eine politische Sammelbewegung sei, und wandte mich sehr energisch gegen diese Ansicht und die Verbreitung solcher Äußerungen. In*

Norddeutschland war bei ehemaligen Angehörigen der konservativen und liberalen Parteien, die jetzt keine große Anhängerschaft mehr besaßen und von denen prominente Vertreter nunmehr sich der CDU angeschlossen hatten, der Gedanke aufgetaucht, alle rechts von der Sozialdemokratie stehenden Kräfte in der CDU zu ‚sammeln'. […] Ich erhob sehr entschieden Einspruch hiergegen und verhinderte ein weiteres Verbreiten dieser Ansichten. Wir mußten eine Partei sein mit einem eigenen, neuen Programm. Auf ‚Sammlung' als Fundament läßt sich keine Partei aufbauen, weil ‚Sammlung' nichts in die Zukunft Weisendes ist."[17]

Kurz nachdem am 6. März 1945 amerikanische Soldaten einmarschiert waren, begannen in Köln die Planungen zur Gründung einer christlich-demokratischen Partei. Die Kölner Leitsätze, die sich damals noch für einen christlichen Sozialismus aussprachen, bilden gemeinsam mit dem Berliner Gründungsaufruf vom 26. Juni 1945 die ersten wegweisenden Dokumente zum Selbstverständnis der entstehenden Volkspartei. Andreas Hermes, Unterzeichner und Mitinitiator des Berliner Gründungsaufrufes, war wegen seines Mitwirkens an dem Attentat auf Adolf Hitler am 20. Juli 1944 zum Tode verurteilt worden. Zahlreiche der Unterzeichner sowohl des Berliner Gründungsaufrufes als auch der Kölner Leitsätze waren zuvor durch die Nationalsozialisten inhaftiert und verfolgt worden. Vor diesem biografischen Hintergrund verstanden die Gründungsväter und -mütter die Christdemokratie als dezidierten Gegenentwurf zu den Schrecken des Nationalsozialismus. Die Kölner Leitsätze bringen dies wortmächtig zur Sprache:

„Der Nationalsozialismus hat Deutschland in ein Unglück gestürzt, das in seiner langen Geschichte ohne Beispiel ist. […] So erlagen allzuviele der nationalsozialistischen

Demagogie, die jedem Deutschen ein Paradies auf Erden versprach. Ohne eigenen sittlichen Halt verfielen sie dem Rassenhochmut und einem nationalistischen Machtrausch."[18]

Es ist entscheidend für das Verständnis des „C", dass die Gründerväter und -mütter der CDU darin die Quelle jenes sittlichen Haltes sehen, der im Nationalsozialismus verloren ging. An keiner Stelle ist in den Kölner Leitsätzen von „konservativ" die Rede. Es geht aber sehr deutlich darum, dass christliche Werte zu jenem Fundament gehören, auf dem sich eine Gesellschaft ohne Diktatur und Herrenmenschentum errichten lässt. Es gehört zur DNA der Union, sich am Christlichen Menschenbild auszurichten, weil es den ideellen Gegenentwurf zur nationalsozialistischen Ideologie bildet. Es war in der Gründungsphase der Union nicht plausibel, konservativ zu sein, denn es ging ja gerade nicht darum, an Bestehendem festzuhalten, sondern neu zu beginnen. In den Worten der Kölner Leitsätze:

„Was uns in dieser Stunde der Not allein noch retten kann, ist die ehrliche Besinnung auf die christlichen und abendländischen Lebenswerte [...]. Ein freies Volk soll wiedererstehen, dessen Grundgesetz die Achtung menschlicher Würde ist. Ein neues Deutschland soll geschaffen werden, das auf Recht und Frieden gegründet ist."[19]

Ein ähnlicher Geist beseelt auch den Berliner Gründungsaufruf vom 26. Juni 1945. In dessen ersten Zeilen heißt es:

„In der schwersten Katastrophe, die je über unser Land gekommen ist, ruft die Partei Christlich-Demokratische Union Deutschlands aus heißer Liebe zum deutschen

Volk die christlichen, demokratischen und sozialen Kräfte zur Sammlung, zur Mitarbeit und zum Aufbau einer neuen Heimat. Aus dem Chaos von Schuld und Schande, in das uns die Vergottung eines verbrecherischen Abenteurers gestürzt hat, kann eine Ordnung in demokratischer Freiheit nur entstehen, wenn wir uns auf die kulturgestaltenden sittlichen und geistigen Kräfte des Christentums besinnen und diese Kraftquelle unserem Volke immer mehr erschließen."[20]

Das bestimmende Thema ist der Neuanfang aus christlichen Werten und zweifellos nicht das Festhalten an Bestehendem. Die Besinnung auf die sittlichen Kräfte des Christentums – nicht etwa seine unmittelbar religiösen Inhalte – wird als Fundament einer solchen neu zu erbauenden Heimat gesehen.

Die Düsseldorfer Leitsätze aus dem Jahr 1949 sind das Ergebnis der programmatischen Diskussion der Arbeitsgemeinschaft von CDU und CSU. Sie nehmen die wirtschafts- und sozialpolitischen Zielsetzungen des Ahlener Programms von 1947 auf, führen diese weiter und knüpfen ebenfalls an das „C" an:

„Im Bewußtsein christlicher Verantwortung bekennt sich die CDU zu einer gesellschaftlichen Neuordnung auf der Grundlage sozialer Gerechtigkeit, gemeinschaftsverpflichtender Freiheit und echter Menschenwürde. Sie erstrebt eine umfassende Sozialpolitik für alle wirtschafts- und sozialabhängigen Volksschichten. Diese Grundsätze verlangen vom Staat, die herrschenden wirtschaftlichen und sozialen Notstände zu beseitigen und ein gesundes Verhältnis zwischen den Volksschichten herbeizuführen. […] Die christliche Arbeitsordnung geht von der Würde des arbeitenden Menschen aus. Sie unterscheidet sich grundsätzlich von einer Auffassung, die den Menschen nur nach seiner Arbeitskraft wertet.

Die menschliche Arbeit ist keine Ware, sondern sittliche Leistung und Grundlage der körperlichen und seelischen Entfaltung des Menschen.“[21]

Auch für die Düsseldorfer Leitsätze gilt: Die Selbstzuschreibung „konservativ“ taucht an keiner Stelle auf. Die wirtschafts- und sozialpolitische Ausrichtung der Union wird verstanden als eine Neuordnung aus christlicher Verantwortung. Hier zeigt sich in der Chronologie der Parteiprogramme erstmals deutlich, welche konkreten Implikationen das Christliche Bild vom Menschen nicht nur grundsätzlich, sondern auch für spezifische Politikbereiche, hier die Sozial- und Wirtschaftspolitik, hat.

Das Berliner Programm aus dem Jahr 1968 wurde erstmals unter Mitwirkung aller Parteiebenen – ein maßgebliches Verdienst des damaligen Generalsekretärs Bruno Heck – erarbeitet und war zugleich das erste umfassende Parteiprogramm seit den Gründungsjahren. 1969 verlor die Union erstmals die Regierung, damals an die sozialliberale Koalition unter Willy Brandt. Dass die Union in der Folge keinen nennenswerten Schaden durch innere Richtungskämpfe nahm, dürfte auch dem Berliner Programm zu verdanken sein. Es zeichnet sich vor allem durch sein weitreichendes Plädoyer für die Einheit Deutschlands und ein vereintes Europa aus und versteht sich als Antwort auf die Anforderungen der Siebzigerjahre. Zugleich legt es erneut dar, wo die Union ihre geistigen Wurzeln sieht:

„Die Christlich Demokratische Union Deutschlands orientiert sich am christlichen Glauben und Denken. Politik der gemeinsamen Verantwortung der Christen in der Welt richtet sich auf die Freiheit der Person, die sich der Gemeinschaft verpflichtet weiß, auf die Gerechtigkeit für jedermann und auf Solidarität, die auf der Eigenverantwortung der Person aufbaut.“[22]

Diese Formulierung ist etwas unglücklich, weil der Verweis auf die *„Verantwortung der Christen“* leicht als „christliche“ Politik – im Unterschied zu einer Politik auf der Grundlage des Christlichen Menschenbildes – missverstanden werden kann. Vor diesem Hintergrund ist nachvollziehbar, dass die entsprechende Passage in der zweiten Fassung des Berliner Programms eine entsprechende Überarbeitung erfuhr und das Wort „Glaube“ gestrichen und durch *„Grundsätze christlicher Verantwortung“* ersetzt wurde.[23] Worum es eigentlich geht, ist im Anschlusssatz hingegen unmissverständlich präzisiert: Freiheit und Verantwortung, die Grundpfeiler des Christlichen Menschenbildes. Von „konservativ“ ist im Berliner Programm an keiner Stelle die Rede.

Das 1978 auf dem Parteitag in Ludwigshafen beschlossene Grundsatzprogramm *Freiheit, Solidarität, Gerechtigkeit* entfaltet ausführlich das Selbstverständnis und die Grundlagen der CDU. Einzelnen Kapiteln, etwa zu Themen wie Familie, Erziehung, Bildung, Kultur, Arbeit, Wohnen und Soziale Marktwirtschaft, ist ein ausformulierter Wertekanon vorangestellt, der erstmals in differenzierter Breite darstellt, was es mit dem Christlichen Menschenbild, auf das sich die Partei seit ihrer Gründung beruft, eigentlich auf sich hat. Das Ludwigshafener Programm ist damit das erste Grundsatzprogramm der CDU im engeren Sinne dieses Wortes. Präziser als das Berliner Programm benennt die Präambel des Grundsatzprogrammes von 1978 das *„christliche Verständnis vom Menschen“* als Grundlage, nicht etwa ein unmittelbar religiöses Bekenntnis. Dabei wird auch die entscheidende Einsicht, dass sich aus dem christlichen Glauben kein bestimmtes politisches Programm ableiten lässt, explizit zur Sprache gebracht. Stattdessen wird das Christliche Verständnis vom Menschen als *„ethische Grundlage für* *verantwortliche Politik*" identifiziert und eigens festgehalten, dass auf ebendieser ethischen Grundlage ein gemeinsames Handeln von Christen und Nichtchristen möglich ist. Hier wird erstmals explizit gemacht, wie sich das Selbstverständnis, Volkspartei zu sein, mit der zunehmenden konfessionellen, religiösen und weltanschaulichen Pluralität der potenziellen Wählerschaft zusammendenken lässt. Wurde das „C" in vorherigen Dokumenten oftmals unterbestimmt und unsystematisch – wenngleich mit einer hohen Selbstverständlichkeit – verwendet, lässt sich das Ludwigshafener Programm erstmals auf eine geradezu theoretische – und gesellschaftlich offenbar auch relevante – Diskussion darüber ein, was es mit dem „C" eigentlich auf sich hat. Mit der ausdrücklichen Erwähnung von Nichtchristen wird der Anspruch deutlich, dass eine Politik auf der Grundlage des Christlichen Menschenbildes nicht nur *in*, sondern auch *für* eine säkulare Gesellschaft kein Widerspruch ist. Dem Verständnis vom Menschen widmet das Grundsatzprogramm sein erstes Kapitel. Darin bekennt sich die CDU zur Unantastbarkeit der Würde und des Lebens des Menschen – auch des ungeborenen Lebens – und betont, dass der Mensch nicht einfach Produkt seiner selbst oder der Gesellschaft ist. Die Freiheit des Einzelnen wird verwirklicht durch Selbstverantwortung und Mitverantwortung für andere – das Programm bringt damit die Verknüpfung von Freiheit und Gemeinwohl präzise zur Sprache und spitzt zu:

> *„Nur wer frei ist, kann Verantwortung tragen, und nur wer verantwortlich handelt, behält die Chance der Freiheit."*[24]

In seiner Hinordnung auf die *„freie Entfaltung im Zusammenleben mit anderen"* wird der Mensch zugleich auch als moralisches Subjekt identifiziert:

„Der Mensch ist zur sittlichen Entscheidung befähigt. Er steht in der Verantwortung vor seinem Gewissen und damit nach christlichem Verständnis vor Gott. In verantworteter Freiheit sein Leben und die Welt zu gestalten, ist Gabe und Aufgabe für den Menschen."[25]

In Abgrenzung zu individualistischen und kollektivistischen politischen Strömungen formuliert das Ludwigshafener Programm: *„Der Mensch ist auf Zusammenleben mit anderen [...] angelegt. Sein Leben verkümmert, wenn er sich isoliert oder im Kollektiv untergeht."*[26]

Dem undogmatischen und im Anspruch unideologischen Charakter einer Politik auf der Grundlage des Christlichen Menschenbildes und der damit einhergehenden Korrekturbedürftigkeit politischer Ausrichtungen trägt das Ludwigshafener Programm Rechnung, indem es festhält, dass *„jeder Mensch [...] Irrtum und Schuld ausgesetzt [ist]"*[27] und dass diese Einsicht vor der Gefahr schützt, Politik zu ideologisieren.

Vielfach ist in politischen Debatten, gerade wenn es ums Grundsätzliche geht, von Grundwerten die Rede. Oftmals bleibt dabei offen, welche Werte damit eigentlich gemeint sind. Das Ludwigshafener Programm identifiziert in einem eigenen Kapitel, das nur aus zwei Sätzen besteht, *„Freiheit, Solidarität und Gerechtigkeit"* als jene Werte, für die die Union eintritt. Grundlage und Maßstab dieser Werte ist dabei das Christliche Verständnis vom Menschen. Das Zueinander von Freiheit und Verantwortung – die sich maßgeblich in Solidarität ausdrückt – ist eines der Kernthemen des Christlichen Menschenbildes, wie wir in Kapitel 3 sehen werden. Gerechtigkeit ist im Hinblick auf das Gemeinwohl als jener Ordnung, die es allen Bürgern ermöglicht, ihr Glück zu suchen und sich in Freiheit und Verantwortung zu entfalten, eine entscheidende Kategorie. Mit dem Bekenntnis zu diesen drei Grundwerten spricht das Grundsatzprogramm die entscheidenden Aspekte des Christlichen Menschenbildes an. Es ist auch hier zu erwähnen, dass das Selbstverständnis als konservative Partei im Ludwigshafener Grundsatzprogramm nicht zur Sprache kommt. Das Wort „konservativ" begegnet dem Leser im gesamten Dokument ein einziges Mal, und zwar nicht unmittelbar als Selbstzuschreibung:

> *„Als Volkspartei ist sie [gemeint ist die CDU, Anm. d. Verfassers] die Antwort auf die Zerrissenheit der Demokraten in der Weimarer Republik. Freiheit und Menschlichkeit sollen sich nicht wieder in verhängnisvoller Gegnerschaft zwischen sozialen, liberalen und konservativen politischen Strömungen verlieren."*[28]

Zugleich ist das Ludwigshafener Programm das erste Grundsatz-Dokument, in dem der Begriff „konservativ" überhaupt auftaucht. Die Aufnahme des Konservativen in das Grundsatzprogramm war Absicht: Wie wir bereits sahen, hat Erhard Eppler für das Verständnis des Begriffs „konservativ" mit seiner Unterscheidung in strukturkonservativ und wertkonservativ einen entscheidenden Beitrag geliefert. Doch diese Unterscheidung war nicht nur theoretischer Natur: Eppler unterstellte, dass die Unionsparteien strukturkonservativ seien, dass es ihnen also nur um den Erhalt von Machtstrukturen und Privilegien ginge. Zum einen kam es darauf an, diesen Vorwurf zurückzuweisen und Deutungshoheit über das Konservative zu erlangen. Zum anderen stand damals die Unterstellung im Raum, dass die CDU unter Kohl und Biedenkopf einen „Linksdrall"[29] erlitten habe, ein Vorwurf, der auch heute, etwa in der Unterstellung einer vermeintlichen „Sozialdemokratisierung" der

Union, manchmal erhoben wird. Die behutsam zurückhaltende Einführung des Begriffs „konservativ" in das Ludwigshafener Programm erfüllte also einen doppelten Zweck: einerseits die Zurückweisung des Vorwurfs, strukturkonservativ zu sein, und andererseits das Narrativ vom Linksdrall zu entkräften.

Hinsichtlich der Häufigkeit im Programm gilt im Übrigen Ähnliches für das Wörtchen liberal: Es taucht im Grundsatzprogramm nicht unmittelbar als Selbstzuschreibung auf. Angesichts der starken Profilierung einiger Christdemokraten als konservativ und der Forderung, sich wieder mehr auf konservative Positionen zu besinnen, wäre doch zu erwarten, dass zumindest das erste Grundsatzprogramm der CDU sich nicht nur an irgendeiner Stelle explizit zum Konservativen bekennt, sondern auch zumindest kurz inhaltlich darlegt, was damit gemeint ist. Das Ludwigshafener Programm tut weder das eine noch das andere. Es nennt lediglich an einer Stelle kurz das Wörtchen konservativ und setzt dadurch den – eigentlich historisch nicht zutreffenden – Mythos in die Welt, die CDU habe ihren Ursprung auch in konservativen politischen Strömungen. Dem Programm liegt offenbar das Verständnis zugrunde, dass das „C" den entscheidenden inhaltlichen Fixpunkt bildet: Das Dokument bekennt sich – wie wir gesehen haben – nicht nur zum Christlichen Menschenbild, sondern legt auch in bemerkenswerter Ausführlichkeit dar, wofür dieses Menschenbild inhaltlich steht.

Für die Art und Weise, wie die CDU sich selbst versteht und dieses Selbstverständnis artikuliert, bildet das zweite Grundsatzprogramm aus dem Jahr 1994 unter dem Titel *Freiheit in Verantwortung* eine gewisse Zäsur. Dieses zweite Grundsatzprogramm bemüht sich um eine Positionierung der CDU als Partei für das wiedervereinte

Deutschland und hat folglich die Einheit Deutschlands als ein zentrales Thema und roten Faden, der sich durch nahezu alle Kapitel zieht. Das erste Kapitel rekapituliert – teilweise in enger sprachlicher Anlehnung an das Ludwigshafener Programm – das Selbstverständnis einer Politik auf der Grundlage des Christlichen Menschenbildes. Fast wortgleich zur Präambel des ersten Grundsatzprogramms heißt es auch hier: *„Unsere Politik beruht auf dem christlichen Verständnis vom Menschen und seiner Verantwortung vor Gott.“*[30] Abermals fast wortidentisch zur Präambel von 1978 wird betont:

> *„Wir wissen, dass sich aus christlichem Glauben kein bestimmtes politisches Programm ableiten lässt. Aber das christliche Verständnis vom Menschen gibt uns eine ethische Grundlage für verantwortliche Politik.“*[31]

Wir hatten bereits gesehen, dass das Ludwigshafener Programm auch eigens Nichtchristen erwähnt. Diesen Punkt betont das Grundsatzprogramm von 1994 deutlich stärker, was angesichts der hohen Konfessionslosigkeit in den neuen Bundesländern naheliegend ist. Warum das „C“ auch für Menschen, die sich keiner Religion verbunden fühlen, von politischer Bedeutung ist, bedarf einer eigenen Begründung:

> *„Aus der Berufung auf christliche Überzeugungen folgt für uns nicht der Anspruch, nur innerhalb der Christlich Demokratischen Union sei Politik aus christlicher Verantwortung gestaltbar. Die CDU ist für jeden offen, der die Würde und Freiheit aller Menschen und die daraus abgeleiteten Grundüberzeugungen unserer Politik bejaht. Dies ist die Grundlage für das gemeinsame Handeln von Christen und Nichtchristen in der CDU.“*[32]

Ein entscheidender Aspekt für das inhaltliche Verständnis des „C“ ist die Bewahrung der Schöpfung[33], der das Grundsatzprogramm von 1994 ein eigenes Kapitel widmet. Dass Schöpfungsverantwortung weit mehr als Nachhaltigkeit bedeutet, wie wir in Kapitel 3 sehen werden, wird hier bereits angedeutet: Die Bewahrung der Schöpfung, die einerseits den Erhalt der *„natürlichen Lebensgrundlagen des Menschen“*, andererseits aber auch die *„Mitwelt Natur im ganzen Reichtum ihrer Erscheinungen“* umfasst, wird als vorrangige Aufgabe der Menschheit identifiziert. Die immer länger werdenden roten Listen von bedrohten oder bereits ausgestorbenen Tieren und Pflanzen, die klimatischen Veränderungen und die Vernichtung von Wäldern werden als unübersehbare Zeichen unseres Fehlverhaltens ausgewiesen.

Der Grundwertekatalog (Freiheit, Solidarität und Gerechtigkeit) aus dem Ludwigshafener Programm findet sich auch im Grundsatzprogramm von 1994 wieder. Die explizite Verknüpfung dieser Grundwerte mit der Verantwortung für die Schöpfung ist eine neue Entwicklung. Neu ist auch, dass sich die Union nun selbst explizit auf „wertkonservative Gedanken“ bezieht. Die Trias aus sozial, liberal und konservativ wird allerdings primär historisch verstanden:

> *„So entstand eine neue Volkspartei, in der sich katholische und evangelische Christen, Konservative, Liberale und Christlich-Soziale, Frauen und Männer aus verschiedenen Regionen, aus allen sozialen Schichten und demokratischen Traditionen zusammenfanden.“*[34]

Neben dieser retrospektiven Anmerkung zur Entstehung der CDU wird der Begriff konservativ nur an einer einzigen Stelle namentlich aufgegriffen (zum

Vergleich: abgesehen vom Parteinamen taucht „christlich“ etwa 15 Mal im Programm auf):

> *„Das christliche Verständnis vom Menschen ist unser geistiges Fundament und der historische Ausgangspunkt unserer Partei. Zu ihr gehören wertkonservative Gedanken ebenso wie christlich-soziale und liberale Überzeugungen.“*[35]

Was wertkonservativ inhaltlich bedeutet, wird hier nicht deutlich. Den Begriff zu erläutern, war den Müttern und Vätern des Grundsatzprogramms offenbar kein großes Anliegen. Zugleich geht aus dieser Passage hervor, dass wertkonservative Gedanken zwar zur Partei gehören, aber offensichtlich dem Christlichen Verständnis vom Menschen an Bedeutung nachgeordnet sind. Auch hier finden sich jedenfalls keine Anhaltspunkte für eine dezidiert konservative Tradition des Denkens im Selbstverständnis der CDU.

Das aktuelle Grundsatzprogramm der CDU stammt aus dem Jahr 2007 und legt schon im Titel *Freiheit und Sicherheit* einen anderen Fokus als seine Vorgänger. Bereits in der Präambel hält es fest, dass auch heute die politischen Strömungen in der CDU lebendig sind, aus denen sie nach 1945 entstanden ist, nämlich die christlich-soziale, die liberale und die wertkonservative.[36] Wertkonservativ wird hier erstmals näher erläutert und verstanden als „Pflege von Bindungen“[37], wobei offengelassen wird, welche Bindungen hiermit gemeint sind. Wie sein Vorgänger versteht auch das aktuelle Grundsatzprogramm das Christliche Verständnis vom Menschen als Quelle einer ethischen Grundlage verantwortlicher Politik und betont, dass die CDU offen ist für jeden, der Würde, Freiheit und Gleichheit aller Menschen anerkennt. In der Erläuterung des Christlichen

Menschenbildes bringt das Programm von 2007 erstmals einen aus meiner Sicht entscheidenden Topos des Christlichen Menschenbildes zur Sprache: die Gottebenbildlichkeit des Menschen. Angesichts der Selbstverständlichkeit, mit der die Grundsatzprogramme und Gründungsdokumente vor 2007 das Christliche Bild vom Menschen bemühen, ist es rückblickend überraschend, dass – soweit ich sehe – die Gottebenbildlichkeit an keiner Stelle explizit zur Sprache kommt. Die Gründe hierfür lassen sich nur erahnen: Eine denkbare Erklärung könnte darin bestehen, dass das Motiv der Gottebenbildlichkeit in einer noch stark christlich geprägten Gesellschaft so selbstverständlich war, dass man es nicht eigens deutlich machen musste. Zugleich ist auch zu berücksichtigen, dass die argumentative Verknüpfung von Menschenwürde und Gottebenbildlichkeit innerhalb der Kirchen erst vergleichsweise spät entschieden hergestellt wurde. Auch wenn diese Verbindung eine lange theologiegeschichtliche Vorgeschichte hat, so dürfte doch erst das Zweite Vatikanische Konzil durch eine entsprechende Argumentationslinie in der Pastoralkonstitution *Gaudium et spes* im ersten Kapitel („Die Würde der menschlichen Person“) und deren erstem Absatz („Der Mensch nach dem Bild Gottes“) zu einer Popularisierung dieses Begründungszusammenhangs beigetragen haben. Damit wäre zumindest nachvollziehbar, dass das Motiv der Ebenbildlichkeit in der politischen Debatte vor 1965 wenig präsent war. Es erklärt allerdings nicht, warum die beiden Grundsatzprogramme aus den Jahren 1978 und 1994 dieses Motiv in ihrer ausführlichen Auseinandersetzung mit dem Christlichen Menschenbild nicht aufgriffen. Den Gedanken, dass der Mensch „von Gott nach seinem Bilde geschaffen“ ist, in die Auseinandersetzung der Partei mit dem Christlichen Menschenbild einzuführen, ist zweifellos als eine gewinnbringende Erweiterung des politischen Grundsatzdiskurses zu werten.

Seit 2018 befindet sich die CDU in der Erarbeitung eines neuen Grundsatzprogramms. Anlass hierfür sind vor allem die politischen und globalen Entwicklungen, die neue Antworten verlangen: Die Digitalisierung, die Globalisierung, geopolitische Umbrüche, der europäische Zusammenhalt. Die CDU sollte dabei allerdings vor allem eines im Blick haben: Das „C“ hat weiter an Selbstverständlichkeit verloren und ist erklärungsbedürftiger denn je. Aufzuzeigen, auf welche Werte christdemokratische Politik gegründet ist, was das Christliche Menschenbild inhaltlich konkret umfasst und warum es auch und gerade in Zeiten des Umbruchs eine Quelle der Orientierung ist – auch für jene, die keine religiösen Christen sind –, ist die entscheidende Aufgabe eines solchen Parteiprogramms. In der Diskussion um die Grundausrichtung der CDU und angesichts des beständigen Flirts vieler mit dem „Konservativen“ ist eines klar:

Wer an die Tradition der Parteiprogramme und Grundsatzdokumente der CDU anknüpfen will, tut gut daran, sich gerade nicht auf die vermeintlich konservative Tradition dieser Programme zu berufen – es gibt sie nämlich nicht. Entscheidend war von Anbeginn bis heute für das Selbstverständnis der Christdemokraten das Menschenbild, an dem sie ihre Politik ausrichten. Wer die CDU als dezidiert konservativ profilieren will, entkernt sie und beraubt sie ihrer Identität. Wer das „C“ durch das „K“ ersetzen will, zerstört die Union.

Kapitel 2: Grundlinien eines Christlichen Menschenbildes

„*Es gibt kein christliches Menschenbild, weil man über den Menschen nicht im Bilde sein kann.*“[38] So eine These, die der Theologe Dirk Evers auf einer Tagung zu Genderkompetenz in der kirchlichen Praxis ins Gespräch brachte. Sie hat auch grundsätzliche Relevanz für die Frage nach dem Christlichen Menschenbild. Wenn es sich tatsächlich so verhält, dass es kein Christliches Menschenbild gibt und geben kann, dann erübrigt sich damit auch jeder Versuch, sein politisches Orientierungspotenzial darzustellen. Evers begründet seine Aussage damit, dass der Mensch als Ebenbild Gottes an dessen Unverfügbarkeit teilhat, und schlussfolgert: „*Vom Menschen kann man eher sagen, was er nicht ist; der Mensch ist immer noch einmal anders.*“[39] Auch wenn ich selbstverständlich die Position vertrete, dass es ein Christliches Menschenbild gibt – immerhin widme ich ihm dieses Buch –, so ist der Hinweis von Evers doch grundsätzlich berechtigt: Wir können in der Tat niemals über den Menschen ganz im Bilde sein; und ja, der Mensch hat als Ebenbild Gottes an dessen Unverfügbarkeit teil. Gerade darin besteht aber doch das Christliche Menschenbild: Es ist bereits eine inhaltliche Aussage über das Christliche Menschenbild, wenn ich den Menschen als Ebenbild Gottes betrachte. Dass der Mensch „immer noch einmal anders“ ist, gehört ebenfalls zum Kernbestand des Christlichen Menschenbildes, das jeden Menschen als frei weiß und in ihm auch immer das Potenzial einer – so ein

Wort des Sozialethikers Wilhelm Korff – „Revolution zum Humanen“[40] erkennt.

Ein zweiter Punkt scheint mir hier wichtig: Das Christliche Bild vom Menschen ist ja – theologisch betrachtet – von Gott her vermittelt. Der Mensch erklärt sich nicht selbst zum Ebenbild Gottes; er erlöst sich auch nicht selbst: Vielmehr ist er in allem auf Gott verwiesen. Nur vor diesem Hintergrund ist es aus meiner Sicht überhaupt theologisch sinnvoll, von einem Christlichen Menschenbild zu sprechen. Die Einsicht, dass der Mensch an der Unverfügbarkeit Gottes und insofern gewissermaßen auch an seiner Bildlosigkeit partizipiert, wir aber dennoch von einem Christlichen Menschenbild sprechen dürfen, lässt sich als Paradoxon zuspitzen: Das Christliche Menschenbild besteht gerade in der Überzeugung, dass der Mensch nicht auf ein bestimmtes, gemachtes Bild reduzierbar ist. Seine Teilhabe an der Unverfügbarkeit Gottes ist für uns nicht Anlass, vom Menschen zu schweigen, sondern vielmehr darüber zu sprechen, wo und wie die Politik der Unverfügbarkeit des Menschen am besten gerecht werden kann.

Wir können nicht über das Christliche Menschenbild sprechen, ohne zunächst das christliche Gottesbild in den Blick zu nehmen. Dass Menschen- und Gottesbild im Hinblick auf unser Handeln zueinandergehören, kommt auch in der Bibel zur Sprache. Einer der bekanntesten Texte des Alten Testaments, die Zehn Gebote, sind ja nicht nur zusammenhangslose Handlungsanweisungen für ein gutes menschliches Zusammenleben, sondern sie sind ihrerseits eingebettet in einen größeren Kontext: Beiden Fassungen des Dekalogs (Exodus 20,2–17 und Deuteronomium 5,6–21) ist folgender Satz vorausgestellt:

„Ich bin der Herr, dein Gott, der dich aus Ägypten, dem Sklavenhaus, herausgeführt hat."

Bevor Gott den Menschen die Regeln eines guten gesellschaftlichen Miteinanders nennt, weist er zunächst auf seine Befreiungstat hin. Die Gebote des Dekalogs werden so in den Kontext der Freiheit gestellt, die Bedingung und Ziel unseres Handelns ist. Nur weil der Mensch überhaupt frei ist, kann von ihm auch verlangt werden, dass er sich in seinem Handeln an bestimmte Regeln hält. Zugleich gewährleisten ebendiese Regeln, dass durch die Begrenzung der Freiheit des Einzelnen auch die Freiheit seiner Mitmenschen geschützt wird. Dass Freiheit und Verantwortung einander bedingen, ist also bereits eine biblische Einsicht. Zugleich ist mit dem obigen Einleitungssatz des Dekalogs auch zur Sprache gebracht, dass wir unsere Freiheit von Gott her erhalten, sie uns also nicht einfach selbst verleihen können. Ein Humanismus etwa, der die Verwiesenheit des Menschen auf Gott kategorisch bestreitet, birgt die Gefahr, den Menschen zum Knecht einer selbst gesetzten Freiheit – ein Widerspruch in sich – zu machen. Denn hier stellt sich die Frage, welche Bedingungen ein Mensch erfüllen muss, um als frei zu gelten, und wer hierüber eigentlich verfügt. Damit ist aber die prinzipielle Freiheit des Menschen bereits einer Verfügbarkeit ausgesetzt, die sie zugleich infrage stellt. Dieser Zusammenhang kommt auch im Neuen Testament zur Sprache: So betont bereits das älteste der synoptischen Evangelien, dass kein Gebot größer ist als die beiden Gebote der Gottes- und Nächstenliebe (Evangelium nach Markus 12,29–31). Zu den theologischen Grundkoordinaten des Christlichen Menschenbildes gehört neben den schon genannten ethischen Weisungen des Dekalogs und des Neuen Testaments die Überzeugung, dass Gott nicht anonymes Gegenüber, sondern

Vater ist, dass Gott Mensch wurde und den Menschen als sein Ebenbild schuf.

Vater

> *„Ihr habt doch nicht einen Sklavengeist empfangen, dass ihr wieder Angst haben müsstet, sondern ihr habt den Geist der Sohnschaft empfangen, in dem wir rufen: Abba, Vater!" (Römerbrief 8,15)*
>
> *„Jesus sagte zu ihm: Ich bin der Weg und die Wahrheit und das Leben. Niemand kommt zum Vater außer durch mich." (Evangelium nach Johannes 14,6)*

Christ wird man durch die Taufe im Namen des Vaters und des Sohnes und des Heiligen Geistes. Dass Christen Gott als Vater anreden, ist dabei im Kontext der Gottessohnschaft Jesu zu verstehen: Die Menschen sind in die Liebe, die der Vater zum Sohn hat, hineingenommen. Gott liebt die Jünger Jesu so, wie er seinen Sohn liebt (Evangelium nach Johannes 17,23). Wenn Christen Gott als Vater ansprechen, dann bekennen sie sich zu dieser Liebe und bringen ihr Vertrauen auf diese Liebe zum Ausdruck. In die Liebe des Vaters zum Sohn hineingenommen zu sein, bedeutet, dass der Mensch nicht erst um diese Liebe werben oder sie sich verdienen muss, sondern dass sie seiner Existenz schon immer vorausliegt. In Anlehnung an den Jesuiten Peter Knauer können wir sagen: Die Welt ist in die Liebe des Vaters zum Sohn hineingenommen, ja hineingeschaffen, und umfasst daher die ganze Existenz des Menschen.[41] Gott bleibt unser Vater, auch und gerade im Scheitern, in Angst, Leid und Tod. Dass wir schon immer in die Liebe des Vaters zu seinem Sohn hineingenommen sind, wird aus christlicher Sicht durch die Menschwerdung Gottes offenbar. Gott Vater zu nennen, ist also weit mehr als nur eine unter vielen möglichen Anreden. Vielmehr drückt sich darin eine Beziehung aus, die auch dort trägt, wo sonst nichts mehr zu tragen vermag. Für mich hat diese Botschaft etwas überaus Befreiendes: Darauf zu vertrauen, dass Gott für uns Vater ist und dass wir Gemeinschaft mit ihm haben, kann aus der Angst befreien, die wir so oft um uns haben, die uns zu Egoisten macht und uns unsere Mitmenschen oft als Konkurrenten und weniger als Partner sehen lässt. Gott als Vater ansprechen zu dürfen, ist dabei auch eine Quelle von Gelassenheit: Wir müssen nicht perfekt sein und uns gewissermaßen selbst „erlösen", sondern sind bereits schon immer in die vollkommene Liebe des Vaters zum Sohn hineingenommen. Diese Beziehung prägt uns hoffentlich so, dass wir Gottvertrauen haben und das auch nach außen ausstrahlen. Die Aussage Jesu im Evangelium nach Johannes, dass wir nur durch ihn zum Vater gelangen, ist als Zusage zu verstehen: Durch ihn und dank ihm können Christen Gott als Vater ansprechen. Diese Zusage gehört zu den größten Schätzen des christlichen Glaubens.

Menschwerdung

> *„Und das Wort ist Fleisch geworden und hat unter uns gewohnt" (Evangelium nach Johannes 1,14)*

Dass Gott Mensch wird, ist vor dem Hintergrund der alttestamentlichen Überlieferung eigentlich ein Skandal: So unterscheidet sie mit Nachdruck zwischen Schöpfer und Geschöpf und installiert bereits in den ersten Sätzen des Dekalogs ein Bilderverbot, damit Menschen nicht Geschaffenes so verehren, als sei es Gott. Umso erstaunlicher, dass Gott – so die christliche Überzeugung – Mensch wird. Der Glaube, dass Gott Mensch geworden ist, bildet das Herzstück des christlichen Glaubens. Die Menschwerdung Gottes sagt nicht nur etwas über Gott aus, sondern auch und vor allem etwas über den Menschen. Dass Gott ganz – und nicht etwa nur zum Schein – Mensch geworden ist, bringt zum Ausdruck, dass der Mensch nicht nur in seiner geistlichen, sondern auch seiner körperlichen, materiellen und leiblichen Dimension voll angenommen ist. Wer diesen Gedanken ernst nimmt, kann nicht leibfeindlich sein.

In der Menschwerdung Gottes zeigt sich darüber hinaus die bedingungslose Solidarität Gottes mit den Menschen, die bis ans Kreuz, bis in Ungerechtigkeit, Leid und Tod hineinreicht. So wie sich Gott hier mit den Schwachen, den Ausgegrenzten und von Ungerechtigkeit Getroffenen solidarisiert, sich auf ihre Seite stellt, so sind auch Christen gemahnt, diese Haltung der Solidarität einzunehmen. Man kann sagen: So wie Gott ganz Mensch geworden ist, sollen auch wir Menschen menschlich werden.

Ebenbildlichkeit

> *„Nun sprach Gott: Lasst uns den Menschen machen nach unserem Bild, uns ähnlich. Sie sollen herrschen über die Fische des Meeres und über die Vögel des Himmels, über das Vieh und über alles Wild des Feldes und über alle Kriechtiere auf dem Erdboden! Und Gott schuf den Menschen nach seinem Bild, nach dem Bild Gottes schuf er ihn, als Mann und Frau schuf er sie." (Genesis 1,26f.)*

Die Gottebenbildlichkeit des Menschen ist eine Innovation der christlich-jüdischen Tradition und bildet das theologische Gegenstück zum säkularen Begriff der Menschenwürde. Für eine Politik, die sich am

Christlichen Menschenbild ausrichtet, ist sie Ausdruck ebendieser Würde.

Andere Kulturen, insbesondere die ägyptische und mesopotamische Umwelt Israels, kannten zwar die Vorstellung der Ebenbildlichkeit, schrieben diese aber nur dem Herrscher und damit einzelnen Menschen zu. Der König herrscht hier als Bild Gottes im Sinne eines Stellvertreters über andere Menschen. Stelen und Bilder verwiesen dabei auf den König, der weit weg von seinen Untertanen war. Er war also ein Ausnahmemensch. Die jüdisch-christliche Überlieferung überträgt diese Vorstellung auf alle Menschen, sodass nicht mehr nur der Ausnahmemensch, sondern alle Ebenbild Gottes sind. Die Verknüpfung zwischen Ebenbildlichkeit und dem Auftrag zu herrschen findet sich dabei auch in dem biblischen Text, der oben zitiert ist. Dabei ist das biblische Ideal eines guten Herrschers davon geprägt, dass er sich gerade auch um die Schwachen und Armen kümmert.

Die entscheidende Neuerung des biblischen Verständnisses von Ebenbildlichkeit und Herrschaft besteht darin, dass beides nicht nur einem König oder Herrscher, sondern dem Menschen als Mensch zukommt. Dass Mann und Frau dabei gleichermaßen die Aufgabe des Herrschens übertragen wird, ist Ausdruck ihrer fundamentalen Gleichheit. Der biblische Auftrag, insbesondere über Tiere zu herrschen, ist dabei oft einseitig als ein Recht auf die Ausbeutung anderer Lebewesen verstanden worden. Das ist allerdings ein überaus verkürztes Verständnis. Der Text legt vielmehr nahe, dass es hier keineswegs darum geht, dem Menschen jegliche Gewaltausübung gegenüber Tieren zu erlauben, sondern im Gegenteil ihn zu einem verantwortungsbewussten Herrschen im Sinne eines Sachverwalters Gottes anzuhalten. Wir sind als Menschen zur Verantwortung gerufen, sorgsam mit der

Schöpfung umzugehen. Dieser Auftrag ist besonders im Hinblick auf die Herausforderungen des Klimawandels und der Ökologie von großer Aktualität.

Sich auf die Gottebenbildlichkeit des Menschen zu berufen, bedeutet anzuerkennen, dass er in einem größeren, transzendenten Horizont steht, den wir politisch niemals einholen können. Politik regelt eben, wie Bonhoeffer es zugespitzt hat, nur die vorletzten Dinge.[42] Somit wird politischen oder ideologischen Totalitätsansprüchen von vornherein eine Absage erteilt: Der Mensch ist Ebenbild Gottes und frei, sich Gott anzugleichen. Von ihm darf aber deswegen nicht verlangt werden, dass er sich einer bestimmten Ideologie oder Weltanschauung angleicht. Der Gedanke der Ebenbildlichkeit ist somit also auch Garant der Freiheit des Einzelnen. Mit der Gottebenbildlichkeit und dem darin enthaltenen Gottesbezug wird ein Mehr zur Sprache gebracht, das über alle biologischen, psychologischen, anthropologischen oder soziologischen Erklärungsmodelle hinausweist. Wo dieses Mehr nicht mehr bei jedem Menschen mitgedacht wird, besteht die Gefahr einer Reduzierung des Menschen auf bestimmte Merkmale oder Erklärungsmodelle, die zu Missachtung und Verfügbarmachung führen können. Die Gottebenbildlichkeit bringt also zum Ausdruck, dass der Mensch in einem Horizont steht, der unserem Zugriff entzogen ist. Der Mensch hat folglich keinen Preis oder ersetzbaren Wert, sondern eine Würde. Kant hat die Unterscheidung zwischen Preis und Würde wie folgt erklärt:

> *„Im Reich der Zwecke hat alles entweder einen Preis oder eine Würde. Was einen Preis hat, an dessen Stelle kann auch etwas anderes, als Äquivalent, gesetzt werden; was dagegen über allen Preis erhaben ist, mithin kein Äquivalent verstattet, hat eine Würde."*[43]

Ein Mensch hat keinen Gegenwert, durch den er ersetzt werden könnte. Während ein Preis etwas ist, das über Angebot und Nachfrage ausgehandelt und einem Gegenstand von außen zugesprochen werden kann, ist Würde dem Menschen immer inhärent, unabhängig davon, ob andere dies anerkennen oder nicht.

Die Ebenbildlichkeit hat zwei entscheidende, auch für das politische Handeln maßgebliche Ebenen: Sie ist Zusage und Anspruch zugleich. Einerseits steht fest, dass jedem Menschen aufgrund dieser Ebenbildlichkeit eine Würde zukommt, die ihm niemand nehmen kann. Zugleich stellt sich aber auch die Frage, durch welches Handeln der Mensch seiner eigenen und der Ebenbildlichkeit seiner Mitmenschen gerecht wird, etwa wie er seine Freiheit im Blick seiner sozialen Verantwortung verwirklicht. Dass sich aus der Gottebenbildlichkeit auch ein moralischer Anspruch an den Menschen ableitet, ist insofern biblisch bekundet, als dass die Gottebenbildlichkeit in einen Zusammenhang mit der Herrschaft über die Tiere gestellt wird. Wie in anderen altorientalischen Kulturen Herrscher als Ebenbild Gottes zum Herrschen beauftragt waren, so ist der Mensch als Ebenbild Gottes in der Bibel zum Herrschen – und damit zum Tragen von Verantwortung – über die Tiere bestimmt. Die Theologie des rabbinischen Judentums hat die Ebenbildlichkeit ebenfalls so verstanden: Gott im Sinne eines Ebenbildes ähnlich zu sein, heißt in erster Linie, nicht wie Gott *sein*, sondern wie Gott *handeln* zu können und zu sollen, also beispielsweise barmherzig zu sein. Den Begründungszusammenhang von Ebenbildlichkeit und moralischem Anspruch trägt die Bibel noch einen Schritt weiter. Weil diese Ebenbildlichkeit gleichermaßen meinen Mitmenschen zukommt, bin ich ihnen gegenüber in meinem Handeln an bestimmte Regeln gebunden. Das

Tötungsverbot etwa begründet die Bibel mit der Gottebenbildlichkeit des Menschen:

> *„Wer Menschenblut vergießt, durch Menschen soll sein Blut vergossen werden. Denn nach dem Bild Gottes hat er den Menschen gemacht.“ (Genesis 9,6)*

Für die politische Relevanz der Gottebenbildlichkeit ist noch ein weiterer Aspekt entscheidend: Gott schuf, so berichtet das Buch Genesis 1,26, den Menschen als Mann und Frau. Ihr jeweiliges Geschlecht ist im Hinblick auf die Ebenbildlichkeit unerheblich. So sehr wir freilich zugestehen müssen, dass biblische Gesellschaftsformen von starken patriarchalen Strukturen geprägt sind, so sehr drückt sich in Genesis 1,26 doch theologisch eine schöpfungsmäßige Gleichheit der Geschlechter aus. Gott schafft – so der biblische Bericht – den Menschen explizit als Mann und Frau und spricht beiden zu, sein Ebenbild zu sein. Ebenbild Gottes ist jeder Mensch! Dieser Grundgedanke hat weitreichende familien- und sozialpolitische Konsequenzen, weil er deutlich macht, dass wir etwa strukturelle Schlechterstellungen von Frauen überwinden müssen. Die Überzeugung, dass die fundamentale Gleichheit von Frau und Mann in ihrem geteilten Menschsein gründet und daher jeder behauptete Wertunterschied zwischen den Geschlechtern unbedingt zurückzuweisen ist, ist leider noch keine Selbstverständlichkeit.

Die islamische Überlieferung stimmt zwar mit der jüdisch-christlichen darin überein, dass dem Menschen die Funktion eines Statthalters und damit das Ausüben von Verantwortung zukommt. Auch äußert sich der Koran an zahlreichen Stellen wertschätzend über Frauen (etwa in Sure 33:35) und betont etwa, dass Frauen unter dem gleichen moralischen Anspruch stehen wie Männer (Sure 3:195). Allerdings kennt der Koran die Vorstellung der Ebenbildlichkeit und mit ihr die schöpfungsmäßige Gleichheit der Geschlechter nicht. Die im Koran zur Sprache gebrachte Wertschätzung für Frauen ist also, anders als in der jüdisch-christlichen Tradition, nicht explizit in der Tatsache des geteilten Menschseins und der Ebenbildlichkeit gegründet.

Im Christentum erlebte die Vorstellung der Gottebenbildlichkeit des Menschen eine weitere Zuspitzung. Bereits der Gedanke, dass nicht nur der Herrscher, sondern jeder Mensch aufgrund seines Menschseins Ebenbild Gottes ist, war umwälzend. Die Botschaft von der Menschwerdung Gottes ist auf ihre Weise ebenfalls revolutionär: Gott kommt nicht etwa als prunkvoller, mächtiger Herrscher, sondern buchstäblich als hilfloses Neugeborenes zur Welt. Gott wird bis in die letzte Konsequenz hinein Mensch, damit wir umgekehrt, in einem gewissen Sinne, vergöttlicht werden – so bringen es bereits die Kirchenväter Athanasius und Irenäus zum Ausdruck.[44] Gott macht sich zum Ebenbild des Menschen, um diesen noch mehr zum Ebenbild Gottes zu machen. Das Neue Testament selbst ist stark durch das griechische Denken seiner Zeit (etwa im Hinblick auf das Verhältnis zwischen Urbild und Abbild) geprägt und versteht Christus in besonderer Weise als Bild Gottes, dem die Glaubenden gleichgestaltet werden. Paulus schreibt:

> *„Wir alle aber, die wir wie im Spiegel, doch mit unverhülltem Angesicht, die Herrlichkeit des Herrn sehen, werden in das gleiche Bild verwandelt von Herrlichkeit zu Herrlichkeit, durch den Geist des Herrn.“ (Zweiter Brief an die Korinther 3,18)*

Wir können also sagen, dass die christliche Tradition das schöpfungstheologische Konzept der Gottebenbildlichkeit kennt und weiterführt. Dabei wird deutlich, dass dieser Grundgedanke – auch wenn er in der zweitausendjährigen Geschichte des Christentums nicht immer eine prominente Rolle spielte – doch von Beginn an zum Kernbestand des christlichen Glaubens gehörte. Die fundamentale Gleichheit der Geschlechter, die bereits in Genesis 1,26 deutlich wird, wird bei Paulus vor allem auf der Grundlage der geteilten Gotteskindschaft zur Sprache gebracht:

> *„Ihr alle seid also durch den Glauben Söhne Gottes in Christus Jesus. Denn ihr alle, die ihr auf Christus getauft seid, habt Christus angezogen. Da gibt es nicht mehr Juden und Griechen, Sklaven und Freie, da gibt es nicht Mann und Frau. Denn ihr alle seid einer in Christus Jesus." (Brief an die Galater 3,26–28)*

Diesen zahlreichen Aspekten der Gottebenbildlichkeit ist gemeinsam, dass sie nicht bedeuten, dass der Mensch Gott gleich sei. Gott gleich sein zu wollen, ist gerade jene Anmaßung, zu der Adam sich im Paradies hinreißen lässt. Vielmehr ist die Gottebenbildlichkeit des Menschen so zu verstehen, dass der Mensch Gott „entspricht" und von ihm befähigt ist, ihm in seinem Handeln zu antworten, ihm also buchstäblich *ent-spricht.* In anderen Worten: Alle Menschen, Starke und Schwache, Frauen und Männer, Kinder und Erwachsene, Kranke und Gesunde sind immer ein „Du" Gottes. Als ein solches „Du" Gottes ist der Mensch von Gott her als Person angesprochen. Das bedeutet zugleich, dass der Mensch nicht zum Objekt gemacht und verzweckt werden darf.

Der Mensch – ein Beziehungswesen

Kaiser Friedrich II. wird folgender grausamer Versuch zugeschrieben: Er veranlasste, dass Neugeborene von ihren Müttern weggenommen und in die Obhut von Pflegerinnen übergeben werden, die die Kinder zwar mit Milch und grundlegender Körperhygiene versorgten, aber keinesfalls mit ihnen sprechen durften. Der Kaiser wollte so in Erfahrung bringen, welche Sprache die Kinder unter diesen Umständen sprechen würden, und erhoffte sich, so die Ursprache der Menschheit zu entdecken. Der Versuch scheiterte kläglich, alle Kinder starben.

In Goethes gleichnamiger Tragödie müht sich Faust an der Übersetzung des berühmten Satzes „Im Anfang war das Wort“ aus dem Prolog des Evangeliums nach Johannes ab und versucht den griechischen Begriff Logos als Kraft, Sinn, und Tat zu übertragen.[45] Doch das Experiment Friedrichs II. veranschaulicht drastisch: Im Anfang war wirklich das Wort. Der Anfang aller Menschlichkeit liegt im Angesprochensein des Menschen durch seine Mitmenschen und Gott. Wir leben buchstäblich vom Wort, davon, dass jemand „Du“ zu uns sagt.

„Der Mensch ist ein Beziehungswesen.“ So lautet, wie Wolfgang Huber es in unserem gemeinsamen Gespräch formulierte, die einfachste und kürzeste Antwort aus christlicher Sicht auf die Frage „Was ist der Mensch?“. Dass Gott den Menschen zu seinem Bilde schafft, ihn zu seinem „Du“ macht, bedeutet, dass er zu ihm in Beziehung steht. Der Mensch unterscheidet sich von anderen Lebewesen dadurch, dass er auch in Beziehung zu sich selbst ist. Dabei stehen die verschiedenen Beziehungsebenen – zu sich selbst, zu seinen Mitmenschen, seiner Umwelt und zu Gott – nicht getrennt nebeneinander, sondern sind aufeinander bezogen. Eine der Überzeugungen des Christentums ist, dass der Mensch seine Beziehung zu Gott nicht aus eigener Kraft und Anstrengung hervorrufen und vollenden kann,

sondern dass er mit ihr beschenkt wird. Das kann in der Beziehung, die ein Mensch zu sich selbst einnimmt, eine gewisse Gelassenheit hervorbringen: Aus der Liebe, in die Gott mich hineinnimmt, falle ich auch dann nicht heraus, wenn ich schuldig werde oder Fehler mache. Ich bin von Gott her als Person anerkannt, unabhängig von meinen Schwächen und Fehlern. Ebenso wenig, wie ich meine eigene Perfektion bewirken kann, darf ich von anderen Perfektion erwarten. Das bedingungslose In-Beziehung-Sein mit Gott kann also auch eine gewisse Toleranz und Leichtigkeit im Umgang mit meinen Mitmenschen bewirken.

Sein Auf-Gott-bezogen-Sein drückt der Mensch gerade auch in der Gestaltung seiner Beziehungen zu seinen Mitmenschen, seiner sozialen und natürlichen Umwelt und zu sich selbst aus. Dieser abstrakte Gedanke hat sehr konkrete ethische Implikationen: Schwangerschaft etwa ist eine Beziehung, ein Lebensverhältnis, dessen Gelingen sich nicht gegen die Mutter, sondern nur mit ihr erreichen lässt. Doch nicht nur in medizinethischen Fragen ist das In-Beziehung-Sein des Menschen ein Schlüssel zum Verständnis ethischer Grundfragen. So befinden wir uns in Beziehungsgeflechten, die uns oft nicht bewusst sind: Unser Konsumverhalten und unser Mitwirken an ökonomischen Prozessen haben immer auch Konsequenzen für andere Menschen. Dabei ist es oft so, dass wir diese Konsequenzen weder bewusst wollen noch überhaupt absehen können. Hier zeigt sich sodann auch, dass eine Wirtschaft, die das Verantwortungsgeflecht, in dem jeder Mensch unweigerlich steht, berücksichtigen soll, auf ordnungspolitische Rahmenbedingungen angewiesen ist.

„Zur Freiheit befreit"

„Ihr seid zur Freiheit berufen, Brüder. Nur nehmt die Freiheit nicht zum Vorwand für das Fleisch, sondern dient einander in Liebe! Denn das ganze Gesetz ist in einem Wort erfüllt: Du sollst deinen Nächsten lieben wie dich selbst!" (Brief an die Galater 5,13f.)

Neben der Gottebenbildlichkeit und der in ihr gründenden Gleichheit und Würde aller Menschen gehört auch die Freiheit maßgeblich zum Christlichen Menschenbild. Der Mensch ist – wie Paulus es in seinem Brief an die Galater schreibt – zur Freiheit berufen. Menschenwürde und Freiheit bilden die Gestaltungsmaßstäbe einer Politik, die sich am „C" orientiert. Dabei gibt es einen inneren Begründungszusammenhang zwischen Ebenbildlichkeit, Würde und Freiheit. Die Gottebenbildlichkeit des Menschen lässt sich so verstehen, dass der Mensch Gott gerade in seiner Vernunftbegabtheit ähnlich ist. Erst durch Vernunft wird die Möglichkeit eröffnet, wirklich frei handeln zu können und gewissermaßen Mit-Schöpfer im Sinne eines Gestalters nicht nur des eigenen Lebens und der eigenen Beziehungen zu anderen Menschen, sondern auch der Gesellschaft zu sein. Als vernunftbegabtes Wesen ist der Mensch in der Lage, sein Handeln nicht von Lust, Unlust oder Neigung bestimmen zu lassen, sondern über sich hinauszugehen und sich an Regeln, Prinzipien und Werten ausrichten zu können. Ebenbild Gottes zu sein, ist dabei sowohl Voraussetzung als auch Ziel der Freiheit: Nur weil ich Ebenbild Gottes bin, bin ich frei; nur wenn ich von dieser Freiheit verantwortungsvoll Gebrauch mache, werde ich dieser Ebenbildlichkeit gerecht.

Eine spezifisch christliche Konnotation bekommt der Freiheitsbegriff insbesondere bei Paulus, der eine

Theologie der Freiheit entwirft, die an zahlreichen Stellen seiner Briefe zur Sprache kommt. Freiheit ist für Paulus von Gott in Christus geschenkt: *„Der Herr aber ist der Geist, und wo der Geist des Herrn ist, da ist Freiheit.“* (Zweiter Brief an die Korinther 3,17) Im Brief an die Galater betont er:

> *„Zur Freiheit hat uns Christus befreit. Steht also fest und lasst euch nicht wieder in das Joch der Knechtschaft spannen!“ (Brief an die Galater 5,1)*

Was aber bedeutet es, zur Freiheit befreit zu sein? Ist hier nicht bereits vorausgesetzt, dass der Mensch frei ist? Wozu bedarf es einer Befreiung zur Freiheit?

Wir können uns diese Konstellation einer Art doppelten Freiheit wie folgt plausibel machen: Was richtig und falsch, menschlich und unmenschlich ist, kann jeder Mensch grundsätzlich verstehen, unabhängig davon, ob er Christ ist oder nicht. Die christliche Botschaft macht den Menschen ja nicht erst sittlich ansprechbar, sondern setzt voraus, dass er es bereits ist. Gerade weil der Mensch ein Gewissen hat, ist er für die christliche Botschaft empfänglich. Aber wenn der Mensch grundsätzlich erkennen kann, welches Handeln moralisch richtig ist, wie kommt es dann, dass er sich so oft dagegen entscheidet? Peter Knauer antwortet hierauf, dass die Wurzel von Egoismus und Unmenschlichkeit die Angst um uns selbst ist, die uns daran hindert, menschlich zu handeln: *„Wenn die Angst das letzte Wort hat, dann sucht man sich um jeden Preis zu sichern und geht notfalls über Leichen.“*[46] Die christliche Botschaft beansprucht nicht, dem Menschen im Einzelnen vorzuschreiben, wie er zu handeln hat. Es geht ihr vielmehr darum, dem Menschen durch die Zusage, dass er Gemeinschaft mit Gott hat, dass er in eine Liebe hineingenommen ist, die er sich nicht erst verdienen muss, seine Angst um sich selbst zu nehmen. Der Glaube macht also – so mein Verständnis der christlichen Botschaft – frei zu menschlichem Handeln. Im Hinblick auf die Ausgangsfrage können wir daher sagen: Der Glaube setzt die Freiheit des Menschen bereits voraus und hilft, von dieser Freiheit wirklich menschlich Gebrauch zu machen.

Was ist mit Freiheit gemeint?

Freiheit ist wie kaum ein anderer Begriff Gegenstand jahrhundertelanger philosophischer und theologischer Diskussionen. Erschwerend kommt hinzu, dass Freiheit nie im luftleeren Raum abgehandelt werden kann, sondern immer auch in Relation steht zu anderen großen Grundfragen des Menschseins. Parteiprogrammatische Schriften können unmöglich die Breite der wissenschaftlichen Diskussion über Freiheit abbilden, es ist auch nicht ihre Aufgabe. Es gehört zum Wesen der Freiheit selbst, sie gerade nicht abschließend definieren zu können und damit festzuschreiben, was Freiheit ist und was nicht. Gleichwohl gibt es – jedenfalls aus Sicht einer Politik auf der Grundlage des Christlichen Menschenbildes – eine Reihe von Aspekten der Freiheit, welche die Politik im Blick haben muss, um dem Menschen gerecht zu werden. Freiheit ist zunächst die im Willen verankerte Fähigkeit, etwas zu tun oder zu lassen, das heißt sich selbst zu bestimmen. Das bedeutet auch: Der Mensch ist für sein Handeln verantwortlich. Er hat damit einen Anspruch darauf, von anderen als freies und verantwortliches Wesen geachtet zu werden. Die Freiheit des Menschen, so formuliert es das Ludwigshafener Programm von 1978, *„beruht auf einer Wirklichkeit, welche die menschliche Welt überschreitet“*. Damit ist treffend zum Ausdruck gebracht, dass der Mensch sich nicht sich selbst verdankt und dass gerade politische Parteien niemals beanspruchen dürfen, die Freiheit des Menschen ideologisch auszuformulieren. Wo immer Menschen für sich zu Recht Freiheit beanspruchen, müssen sie diese gleichermaßen auch anderen zugestehen. Das ist nicht nur pragmatisch sinnvoll, sondern im Gleichheitsgrundsatz des Christlichen Menschenbildes angelegt: Die Freiheit des einen ist nicht mehr wert als die Freiheit des anderen. Die Freiheit des einen wird also durch die Freiheit des anderen nicht nur begrenzt, sondern auch ermöglicht. Freiheit bedeutet also nicht nur, sich selbst nach den eigenen Wünschen und Anlagen verwirklichen zu können, sondern auch, sich bestimmte Regeln im Umgang mit anderen Menschen zu geben und diesen entsprechend zu handeln.

Freiheit bedeutet mehr, als nur tun oder lassen zu können, wie einem beliebt: Rechte und Pflichten sind vielmehr zwei Seiten einer Medaille. Sie ist nicht nur ein „Freisein von", sondern immer auch ein „Freisein zu". Freiheit und Verantwortung stehen dabei nicht grundsätzlich in einem Spannungsverhältnis: Das Wahrnehmen von Verantwortung ist Ausdruck von Freiheit. Die Politik ist in der Pflicht, unser Zusammenleben so zu ordnen, dass es der Freiheit des Menschen gerecht wird. Die Verschränkung von Freiheit und Verantwortung hatten wir bereits bei den Zehn Geboten gesehen, denen die Befreiung des Volkes Israel aus dem ägyptischen Sklavenhaus vorausgestellt ist.

In seiner Betonung der Freiheit des Menschen unterscheidet sich das Christliche Menschenbild von anderen Modellen, die den Menschen beispielsweise nur als Produkt einer Natur betrachten, die durch Instinkte oder festgelegte soziobiologische Muster vorgibt, wie er sich verhält. Andere Modelle betrachten den Menschen nur als Produkt der Gesellschaft, die ihm bestimmte Werte und Moralvorstellungen diktiert, die er verinnerlicht und seinem Handeln zugrunde legt. Niemand wird bestreiten, dass der Mensch durchaus von Natur und Gesellschaft geprägt ist: So sind dem Menschen beispielsweise natürliche Grenzen gesetzt und in der Tat vermitteln Gesellschaften auch Wertevorstellungen. Zugleich ist der Mensch aber in der Lage, vermeintliche Werte kritisch zu hinterfragen und sich frei auch gegen sie zu entscheiden. Eindrücklich lässt sich dies etwa daran ablesen, dass das Gesellschaftssystem der DDR trotz aller Indoktrination Menschen hervorbrachte, die ausgerechnet dieses System überwinden und abschaffen wollten. Überall, wo Menschen in totalitären Systemen gegen diese Systeme eintreten und Veränderungen einfordern, zeigt sich, dass der Mensch niemals einfach durch Sozialisation völlig determiniert ist, sondern dass es in ihm eine nicht domestizierbare Offenheit für Veränderung, für Eigenes, für Besseres, für Höheres gibt.

Der Realismus des Christlichen Menschenbildes

„Jeder Mensch ist Irrtum und Schuld ausgesetzt. Diese Einsicht bewahrt uns vor der Gefahr, Politik zu ideologisieren. Sie läßt uns den Menschen nüchtern sehen und gibt unserer Leidenschaft in der Politik das menschliche Maß." (Ludwigshafener Grundsatzprogramm, 1978)

Indem es dem Menschen nicht mehr abverlangt, als er zu leisten fähig ist, und es um seine Schwächen, seine Neigung zum Egoismus und die Grenzen seiner Selbstlosigkeit weiß, zeichnet sich das Christliche Menschenbild durch einen gesunden Realismus aus. Während es den Menschen so nimmt, wie er ist, geht es Ideologien nicht darum, wie der Mensch ist, sondern wie er sein soll. Die

Erziehung zur sozialistischen Persönlichkeit etwa war die erklärte Zielsetzung des Bildungssystems der DDR. Dabei imitierten die Indoktrinierungsmechanismen mit den von Walter Ulbricht proklamierten „Zehn Geboten der sozialistischen Moral und Ethik“ sogar den biblischen Dekalog.[47] Das Christliche Menschenbild hingegen will den Menschen nicht umerziehen und im Sinne einer bestimmten Ideologie perfektionieren, sondern weiß um seine Fehlbarkeit, die Möglichkeit seines Scheiterns, seine Angewiesenheit auf Vergebung und die Chance eines Neubeginns. Dass es trotz richtiger Einsicht dem Menschen oftmals nicht gelingt, das Richtige zu tun, hat bereits Paulus in seinem Brief an die Gemeinde in Rom zur Sprache gebracht:

> *„Ich weiß, dass in mir, das heißt in meinem Fleisch, nichts Gutes wohnt. Denn das Gute zu wollen, dazu bin ich bereit, aber nicht, es auszuführen.“ (Brief an die Römer 7,18)*

Hier drückt sich die ganze Ambivalenz des Menschen aus: Einerseits ist der Mensch als Ebenbild Gottes *„nur wenig unter die Engel gestellt, [...] gekrönt mit Ehre und Herrlichkeit“* (Psalm 8,6). Andererseits wird er immer wieder schuldig. Theologisch wird dies mit dem Begriff der Sünde ausgesagt. In der Vorstellung der sogenannten Erbsünde wird ausgedrückt, dass der Mensch immer auch in Strukturen der Schuld verstrickt ist, aus denen er sich nicht selbst restlos befreien kann. Der Realismus des Christlichen Menschenbildes besteht darüber hinaus auch darin, dass es den Menschen so, wie er ist, zur Geltung kommen lässt. Es betrachtet ihn gerade nicht nur als ein Produkt der Natur oder der Gesellschaft. Diese unreduzierte Würdigung des Menschen unterscheidet das Christliche Menschenbild von anderen Anschauungen, die etwa das Volk, die Nation, die Herkunft, Hautfarbe oder die Klasse als Maß der Dinge setzen. Wohin solche Denkrichtungen in der Vergangenheit führten, hat die Menschheit in leidvoller Erfahrung immer wieder lernen müssen.

Würde – mehr als nur eine Vereinbarung

Der Begriff der Menschenwürde ist in aller Munde. Plakativ wiesen manche Stimmen im Zusammenhang der Corona-Epidemie darauf hin, dass wir ohnehin alle irgendwann sterben würden, und beklagten die vermeintlich sinnlose Rettung alter und damit angeblich todgeweihter Patienten. Die von Bund und Ländern ergriffenen Vorsichtsmaßnahmen seien daher, vor allem auch in Anbetracht der wirtschaftlichen Folgen, unverhältnismäßig. Die hierdurch losgetretene Diskussion wurde zu Recht von Verweisen auf die Würde des Menschen dominiert. Eine Politik unter den Vorzeichen des Christlichen Menschenbildes sieht diese Würde verankert in der Gottebenbildlichkeit des Menschen. Doch was meinen wir eigentlich, wenn wir von der Würde des Menschen sprechen? Cicero gebraucht den Begriff der Würde (*dignitas*) sowohl im Sinne einer differenzierten als auch einer gemeinsamen Würde.[48] Diese Differenzierung wird der Realität gerecht, dass allen Menschen Würde inhärent ist, und wir uns dennoch voneinander wirklich unterscheiden. Die sogenannte differenzierte Würde kommt dabei dem Menschen nicht aufgrund seines Menschseins zu, sondern bezieht sich auf spezifische Eigenschaften, etwa das Innehaben eines Amtes oder einer bestimmten Funktion und anderer Eigenschaften, etwa des Alters. Diese an bestimmte Merkmale gekoppelte Würde kennen wir auch heute: Botschafter,

Minister, Staatssekretäre, Bischöfe und andere Würden- und Amtsträger haben ein Anrecht darauf, in bestimmten Kommunikationsvorgängen mit einer ihrem Amt entsprechenden Titulierung angesprochen zu werden. Dass wir Respekt vor der Lebensleistung älterer Menschen haben, ist ebenfalls intuitiv plausibel. Dennoch kämen wir nicht auf die Idee zu behaupten, dass ein Minister oder ein Neunzigjähriger über ein Mehr an Menschenwürde verfügt. Die Würde, von der hier die Rede ist, ist also offensichtlich unabhängig von der allen Menschen gemeinsamen Würde. Sie wird dennoch der Vielfalt und Verschiedenheit der Menschen gerecht.

Hier wird deutlich, dass die Idee – oder besser die Entdeckung – der Menschenwürde keineswegs auf nur eine bestimmte Tradition zurückgeführt werden kann. Denn wie die antike, heidnische Philosophie den Begriff der *dignitas humana* zwar explizit gemacht und philosophisch bearbeitet hat, so klingt das damit Gemeinte auch in den biblischen Texten an, die den Menschen als Ebenbild Gottes beschreiben. Die christliche Tradition hat die heidnische Philosophie rezipiert, christlich überformt und sie sich in vielerlei Weise einverleibt, sodass der Begriff der *dignitas* im 4. Jahrhundert auch bei den Kirchenvätern auftaucht.

Wenn wir heute fragen, was mit Würde gemeint ist, dann dürfte den meisten zunächst Artikel 1 des Grundgesetzes einfallen: *„Die Würde des Menschen ist unantastbar.“* Damit ist noch nicht gesagt, was Würde eigentlich ist, aber ein wesentlicher Punkt zum Ausdruck gebracht: Würde ist nicht etwas, das man zum Verhandlungsgegenstand machen könnte, oder eine Eigenschaft, die man Menschen nach Belieben zu- oder absprechen könnte. Würde ist unserem Zugriff entzogen. Das bedeutet aber auch, dass die Würde des Menschen keine menschliche Erfindung, Vereinbarung oder beliebige Rechtsetzung ist. Man stelle sich vor, was die Konsequenz wäre: Wenn man etwa der Auffassung wäre, dass die Menschenwürde eine Erfindung ist, die durch willkürliche Setzung eben Teil unseres Rechtssystems geworden ist, dann könnten wir Verletzungen der Menschenwürde in anderen Ländern, deren Rechtssysteme den Gedanken der Menschenwürde nicht kennen, nicht sinnvoll anklagen. Intuitiv scheint Menschenwürde also etwas zu sein, das Rechtssystemen vorausliegt und keine Erfindung, sondern eine Entdeckung ist. Menschenwürde ist jenes Kriterium, an dem sich die Legitimität konkreter Rechtssetzung und -praxis bemisst, während Legalität die Frage danach stellt, ob Recht auf dem hierfür vorgesehenen Weg zustande gekommen und ob eine bestimmte Praxis im Sinne des Rechts erlaubt ist. Dass Legalität und Legitimität auch auseinanderklaffen können, hat in erschütternder Weise die deutsche Geschichte des 20. Jahrhunderts gezeigt. Die ideologische Entmenschlichung ist im Nationalsozialismus eine der Voraussetzungen der systematischen Vernichtung von Menschen gewesen. Hier hat sich der Abgrund gezeigt, der sich auftut, wenn wir zulassen, dass die Würde des Menschen missachtet wird. Zu Recht betont das Grundgesetz, dass die Würde des Menschen unantastbar *ist* und nicht etwa unantastbar sein *soll*. Während der Anspruch auf Achtung jedem Menschen grundsätzlich aufgrund seines Menschseins zukommt, ist es möglich, dass dieser Anspruch durch andere nicht geachtet wird. Dass Menschen einander missachten, ist eine bittere alltägliche Realität. Um dem Anspruch auf Achtung gerecht zu werden, muss gewährleistet sein, dass dieser Anspruch auch in der Gesetzgebung sichergestellt ist. Man könnte auch sagen: Die Menschenwürde ist etwas *Gegebenes*; sie angemessen in Recht zu gießen, ist etwas *Aufgegebenes*.

Wir hatten bereits bei der Ebenbildlichkeit gesehen, dass sie einerseits Zusage und andererseits Anspruch ist. So wie die Gottebenbildlichkeit theologisch gesehen die Zusage Gottes an den Menschen ist, dass er immer ein „Du" Gottes bleibt, so ist Würde in säkularer Sprache der Anspruch des Menschen auf Achtung, der durch niemanden aufgehoben werden kann. Und so wie Ebenbildlichkeit auch einen Anspruch an den Menschen stellt, dieser Ebenbildlichkeit in seinem Handeln gerecht zu werden, so ist es unsere Pflicht, uns für die Achtung der Menschenwürde im Schaffen und Anwenden von Gesetzen einzusetzen. Wie wir die Rechte und Pflichten, die sich im Hinblick auf die Menschenwürde ergeben, in Gesetze gießen, ist dabei nicht im Detail vorgegeben. Die Menschenwürde ermöglicht vielmehr, dass wir überhaupt Rechte und Pflichten haben.

Wir könnten sagen, dass die Würde, die allen Menschen gleichermaßen zukommt und die für Christen in der Gottebenbildlichkeit des Menschen gegründet ist, den Gedanken der Würde „vertikal" zum Ausdruck bringt. Ergänzend lässt sich Würde aber auch „horizontal" erklären. Dabei steht weniger im Fokus, worin die Würde des Einzelnen theologisch oder philosophisch gegründet ist, sondern dass alle Menschen zuallererst Weltbürger sind. Die Gemeinschaft der Menschen ist nur sekundär an Kategorien wie Volk, Nation, Staat oder Stadt gebunden. Was sie miteinander verbindet, ist die Tatsache, dass sie alle Menschen sind. Dieses Faktum des geteilten Menschseins liegt allen Gesellschaftsmodellen und Ideologien voraus. Die Welt – nicht die einzelne Nation – ist das Vaterland des Menschen. Der griechische Begriff hierfür ist *Oikoumene* und begegnet uns meist im

Kontext des Miteinanders verschiedener christlicher Kirchen. So wie für Protestanten, Katholiken, Orthodoxe, Anglikaner und Reformierte an erster Stelle das Verbindende – nämlich das gemeinsame Christsein – steht und allen Spaltungen vorausliegt, so gilt im Hinblick auf die Menschheitsfamilie: An erster Stelle steht das Gemeinsame, nicht das Trennende. Dieser Gedanke war für die spätere Kodifizierung der Menschenrechte nicht unerheblich, da die antike griechische Philosophie insbesondere für den späteren Humanismus eine wichtige Quelle darstellte. In seinem Artikel über die Philosophie der Griechen in der *Encyclopédie* zitiert Denis Diderot folgendes Zenon-Wort:

> *„Wir sollen nicht nach Städten oder nach Völkern leben, alle einzeln abgetrennt durch je eigene Rechte, sondern wir wollen alle Menschen für Volksgenossen und [Mit-]Bürger halten. Eine einzige Lebensform und Ordnung soll herrschen, wie wenn eine Herde auf gemeinsamer Weide nach gemeinsamem Gesetz sich ernährt.“*[49]

Ähnlich äußerte sich auch der Stoiker Seneca:

> *„Glieder eines großen Körpers sind wir. Die Natur hat uns als Blutsverwandte geschaffen, als sie uns aus demselben Stoff zu derselben Bestimmung zeugte. Sie hat uns gegenseitige Liebe eingepflanzt und uns zum Leben in der Gesellschaft befähigt. Sie hat Billigkeit und Recht geschaffen, nach ihrer Verfügung ist es erbärmlicher, zu schaden, als Schaden zu erleiden: Nach ihrem Befehl sind zum Helfen bereit die Hände. […] Seien wir solidarisch: für die Gemeinschaft sind wir geboren; unsere Gemeinschaft gleicht einem Bogen aus Steinen, der zusammenbräche, wenn wir Steine einander nicht stützen, und eben dadurch zusammengehalten wird.“*[50]

Manche Stoiker gingen dabei auch so weit, dass diese Haltung der Menschenliebe nicht nur den Angehörigen anderer Völker, sondern auch Sklaven gegenüber eingenommen werden sollte. Die stoische Philosophie betont also die Geschwisterlichkeit und die Weltbürgerschaft aller Menschen und nimmt damit eine horizontale Perspektive ein. Sie ist damit dem Christlichen gleichwohl nicht unähnlich: Für die Stoa gilt, dass die *dignitas*, also die Würde des Menschen, sich darin gründet, dass alle Menschen mit der Gottheit verwandt sind und am göttlichen Logos teilhaben.[51] Am göttlichen Logos teilzuhaben, bedeutet für die Stoa, in der Lage zu sein, tugendhaft zu handeln. Dies korrespondiert mit dem christlichen Gedanken der Ebenbildlichkeit in dem Sinne, dass der Mensch Freiheit und Vernunft hat und insofern auch wirklich verantwortlich für sein Handeln ist. Wir können auch sagen: Die stoische Philosophie und das Christliche Menschenbild stimmen darin überein, den Menschen als moralisches Subjekt zu sehen. So schreibt Seneca:

> *„Niemandem ist die sittliche Leistung verschlossen; allen steht sie offen, alle lässt sie zu, alle lädt sie ein: sowohl Freigeborene als auch Freigelassene, wie Sklaven und Könige und Verbannte. Sie wählt nicht nach Palast und Steuerquote: Mit dem bloßen Menschen begnügt sie sich [...]. Es kann [auch] der Sklave gerecht sein, er kann tapfer, kann hohen Geistes sein [...].“*[52]

Hier zeigt sich, dass der für die Menschenwürde und die Menschenrechte zentrale Gedanke der Universalität nicht nur im unmittelbar christlichen Kontext entstand. Zugleich bildet die stoische Philosophie, das Christentum und später auch der Humanismus eine gemeinsame, vielschichtige Tradition des Denkens. Was wir mit der Universalität der Menschenwürde konkret meinen, wurde im Zuge der eingangs erwähnten Diskussion deutlich greifbar. Ob wir Menschen retten, die auf medizinische Hilfe angewiesen sind, dürfen wir weder von ihrem Alter noch von ihrem potenziellen Zugewinn an Lebenszeit grundsätzlich abhängig machen. Jemand, der nur Aussicht auf ein kurzes verbleibendes Leben hat, kann dennoch eine hohe Lebensqualität haben. Genau dies meinen wir, wenn wir die Würde des Menschen als universal bezeichnen: Sie kennt eben weder Abstufungen noch Zugangsbedingungen. Dennoch kann es in Ausnahmesituationen wie einer Pandemie dazu kommen, dass medizinische Kapazitäten so weit ausgelastet sind, dass Ärzte darüber entscheiden müssen, wer eine lebensrettende Behandlung erhält und wer nicht. Gemeinhin wird dieses ethische Dilemma unter dem Begriff der Triage abgehandelt. Das Ziel der Triage – also der Auswahl von Patienten nach bestimmten Kriterien – ist es, mit knappen Ressourcen so vielen Menschen wie möglich zu helfen. Selbst in einer solchen Ausnahmesituation darf eine Priorisierung nicht auf der Grundlage des Alters, sondern nur der klinischen Erfolgsaussicht erfolgen. Das Dilemma der Triage zeigt allerdings, wie richtig die Maßnahmen der Bundes- und Landesregierungen waren. Sie verhinderten, dass es überhaupt zu einer Überlastung des Gesundheitssystems und damit zu erheblichen moralischen Dilemmata kam.

Menschenrechte

Regelmäßig beziehen sich Politiker, Journalisten und andere in öffentlichen Debatten auf sie, meist, um fundamentale Kritik an bestimmten Zuständen zur Sprache zu bringen. Dabei ist für jeden offensichtlich, was auf dem Spiel steht, wenn Menschenrechte ins Gespräch gebracht werden. Man muss nicht juristisch oder völkerrechtlich bewandert sein, um zu verstehen, dass es bei Menschenrechten ums Ganze geht. Problematisch an dieser Berufung auf die Menschenrechte ist häufig, dass sie wegen ihrer Grundsätzlichkeit oft keine direkten politischen Lösungswege und Antworten für spezifische Probleme bereitstellen. Darüber hinaus ist die häufige Bezugnahme auf Menschenrechte auch riskant, weil sich ihre grundsätzliche Bedeutung abnutzen kann, wenn jede politische Detailfrage zu einem Menschenrechtsdiskurs erweitert wird.[53] In der Argumentation mit Menschenrechten empfiehlt sich daher eine gewisse Sparsamkeit.

Unmittelbar auf die Würde des Menschen bezogen gibt es im Grunde nur ein Recht, nämlich das Recht, Menschenrechte zu haben. Welche Menschenrechte sich hieraus entwickeln, ist Gegenstand politischer und kultureller Entwicklungen. Eine solche Perspektive hat zwei Konsequenzen. Einerseits gibt es keinen für die Ewigkeit festgeschriebenen und abgeschlossenen Katalog von Menschenrechten. Andererseits ist der Menschenrechtsdiskurs so auf die Zukunft hin offen und kann auf neue Herausforderungen reagieren, indem Menschenrechte neu formuliert werden. Allen Menschenrechten sind dabei bestimmte Merkmale zu eigen, die sie von anderen Rechten unterscheiden. Der Politikwissenschaftler Karl-Peter Fritzsche nennt dabei folgende 11 Eigenschaften[54]: Menschenrechte sind immer (1) angeboren, (2) vorstaatlich, (3) individuell, (4) egalitär, (5) moralisch, (6) rechtlich, (7) politisch, (8) universell, (9) fundamental, (10) unteilbar und interdependent und (11) kritisch.

Angeboren sind sie, weil sie Menschen aufgrund ihres Menschseins zukommen. Menschenrechte werden nicht vom Staat gewährt, sondern sind Sinn und Ziel aller Staatlichkeit und daher vorstaatlich. Der Träger von Menschenrechten ist nicht ein Kollektiv, sondern das Individuum. Egalitär sind die Menschenrechte in dem Sinne, dass sie allen Menschen – unabhängig von Geschlecht, Sprache, Religion oder Hautfarbe – zukommen. Moralisch sind sie, weil sie mehr als nur ausgehandelte Spielregeln sind und unmittelbar in der Würde des Menschen gründen. Dass sie rechtlich sind, wird immer dann deutlich, wenn sie etwa in Verfassungen als Grundrechte erfasst oder zum Bestandteil des Völkerrechts werden. Da sie in erster Linie an den Staat adressiert sind und dessen Verfügungsgewalt limitieren, aber zugleich auch durch diesen erst zu Recht im engeren Sinne werden können, sind die Menschenrechte politisch. Weil sie für alle Menschen immer und überall gelten sollen, sind Menschenrechte universell. Die Menschenrechte adressieren nicht alle, sondern besonders elementare Bereiche des menschlichen Lebens und sind daher fundamental. Menschenrechte bedingen sich gegenseitig (man denke etwa an den Zusammenhang zwischen Religions- und Meinungsfreiheit) und dürfen nicht gegeneinander ausgespielt werden, insofern sind sie unteilbar und interdependent. Da durch den Geltungsanspruch der Menschenrechte Verstöße überhaupt erst zur Anklage gebracht werden können, haben sie eine kritische Funktion und ermöglichen das Offenlegen von Missständen.

Es gibt verschiedene Möglichkeiten, Menschenrechte näher zu bestimmen. So lässt sich etwa unterscheiden zwischen Abwehrrechten, die der Einzelne gegenüber dem Staat (etwa gegenüber willkürlicher Inhaftierung) hat, Partizipationsrechten (beispielsweise Wahlen), die dem Einzelnen die Möglichkeit sichern sollen, an der Gestaltung des Staates mitzuwirken, und schließlich Leistungsrechte, die vor allem in Leistungen gegenüber dem Einzelnen bestehen, also etwa das Recht auf Bildung oder Arbeit.

Stärke und zugleich Schwäche der Menschenrechte ist ihre Begründungsoffenheit. Die Präambel der Allgemeinen Erklärung der Menschenrechte spricht von der *„Anerkennung der angeborenen Würde und der gleichen und unveräußerlichen Rechte aller Mitglieder der Gemeinschaft der Menschen“*[55], die die *„Grundlage von Freiheit, Gerechtigkeit und Frieden in aller Welt bildet“*. Der unmittelbare Begründungszusammenhang ist klar: Die Anerkennung der Menschenwürde drückt sich aus in der Beachtung der Menschenrechte. Offen bleibt dabei hingegen, worin diese Würde gründet. Manchmal wird unterstellt, die Menschenrechte seien ein Ergebnis von in erster Linie europäischem, westlichem Denken. Folglich sei es im Grunde eine Art Kulturimperialismus, von Staaten, die nicht in dieser Tradition stehen und eine andere kulturelle Prägung haben, zu verlangen, dass sie sich diese Menschenrechte zu eigen machen. Dieser Vorwurf hat eine gewisse Berechtigung, wenn wir wirklich der Auffassung sind, dass sich die Würde, in der die Menschenrechte gründen, ausschließlich auf den spezifisch jüdisch-christlichen Gedanken der Gottebenbildlichkeit zurückführt. Sind die Menschenrechte eine Innovation, die sich auf das Christliche Menschenbild zurückführt? Falls ja, wie können wir dann erwarten, dass andere, nicht christliche Kulturen die Menschenrechte gleichermaßen beachten? Falls nein, wozu brauchen wir dann das Christliche Menschenbild?

Der Sozialphilosoph Hans Joas wies darauf hin,[56] dass Werte für uns mehr sind als nur Meinungen, sondern dass wir uns an sie auch wirklich gebunden wissen und fühlen. Mit einem eindrücklichen Bild von Bindung verdeutlicht Joas diesen Gedanken: *„Wie reagieren wir, wenn wir gefragt werden, warum wir eine bestimmte Person*

lieben: meine Frau, meinen Sohn, meine engsten Freunde?"
Wir können aufzählen, was an dieser Person liebenswert ist, von ihren Charakterzügen berichten und ihre Leistungen anpreisen. Aber wir würden dabei niemals erwarten, dass unser Gegenüber auf eine derartige Beschreibung hin ebenfalls beginnt, die von uns geliebte Person zu lieben. Wir können – und wollen – in solchen Situationen keinen vollkommenen Konsens erzielen, sondern plausibel machen, warum wir eine bestimmte Person lieben. Wenn wir über unsere Werte sprechen, dann tun wir das nicht nur abstrakt, sondern – wie Joas schreibt – mit Geschichten, also durch biografisches, historisches und auch mythologisches Erzählen. Wenn wir etwa darüber sprechen, wie wir selbst im Leben Vergebung erfahren haben, dann wird unser biografisches Erzählen zugleich Kommunikation über einen Wert, der für uns nicht nur theoretisch interessant ist, sondern an den wir uns auch gebunden fühlen. Wenn wir anhand historischer Beispiele aufzeigen, welche Grausamkeiten Realität werden können, wenn wir zulassen, dass die Würde des Menschen missachtet wird, dann ist auch das eine Form der Wertekommunikation. Und wenn wir schließlich von der Gottebenbildlichkeit des Menschen, seiner Erlösungsbedürftigkeit und der Solidarisierung Gottes mit dem Menschen in seiner Menschwerdung sprechen, dann ist auch dies Teil unseres Austauschs über Werte.

Als ein Beispiel hierfür kann sogar das zentrale christliche Motiv der Gnade gelten: Menschenrechte kommen dem Menschen zu, ohne dass er hierfür eine Vorleistung erbringen oder in Gegenleistung treten muss. Die Menschenrechte, die ihm zukommen, sind *gratis*. Eine der Kernüberzeugungen Luthers war, dass der Mensch allein durch Gnade – nicht etwa durch sein eigenes Handeln – erlöst wird: allein durch Gnade – *sola gratia*. Wie aus christlicher Sicht der Mensch nicht durch eigene Verdienste, sondern im Modus des Beschenktwerdens erlöst wird, so kommen ihm Menschenrechte zu, ohne dass er sich diese erst verdienen müsste.

Würde und Menschenrechte – eine christliche Erfindung?

Grundsätzlich finden sich für die Menschenrechte verschiedene Begründungsvarianten: Manche verweisen – wie das Christliche Menschenbild – direkt auf Gott. Andere argumentieren in der Linie von Immanuel Kant, der die Selbstzweckhaftigkeit des Menschen zum Herzstück seiner Ethik gemacht hat. Wieder andere argumentieren über die Fähigkeiten und Bedürfnisse des Menschen oder auf der Grundlage vertragstheoretischer Modelle. Diese behaupten, dass wir uns gegenseitig Rechte zugestehen müssen, um so etwas wie eine Gesellschaft überhaupt bilden zu können. Gerade das vertragstheoretische Modell steht dabei vor der Schwierigkeit, dass das Recht, einen Vertrag einzugehen, ja seinerseits dem Vertrag voraus liegen muss. Thomas Hobbes diskutiert dieses Problem bereits im Leviathan[57]: Naturgesetze (*leges naturales*), so Hobbes, sind von der Vernunft entdeckte Vorschriften, durch die dem Menschen zu tun untersagt wird, was sein Leben vernichtet. Zu diesen Naturgesetzen gehört es laut Hobbes etwa, Frieden zu suchen und zu halten oder für sich nicht mehr Freiheit zu beanspruchen, als man bereit ist, anderen zuzugestehen. Diese Naturgesetze verpflichten, so fährt Hobbes fort, stets vor dem Gewissen, wenn auch nicht immer in der Praxis. Damit ist jedoch selbst für den Vertragstheoretiker Hobbes klar, dass es dem staatlichen Recht vorausliegende, durch die Vernunft erkennbare moralische

Pflichten und Rechte gibt. Dort, wo Bedürfnisse und Fähigkeiten als Begründung der Würde angeführt werden, entsteht die Schwierigkeit, die Vielfalt und Verschiedenheit von Bedürfnissen und Fähigkeiten in eine solche Theorie integrieren zu müssen. Eine weitere Variante – die auch in den Wortlaut der *Allgemeinen Erklärung der Menschenrechte* (AEMR) Eingang fand – ist die geteilte Erfahrung, dass Menschen einander großes Leid zufügen, wo Menschenrechte nicht geachtet werden.

Die Allgemeine Erklärung der Menschenrechte, die am 10. Dezember 1948 von der Generalversammlung der Vereinten Nationen verkündet wurde, ist weder das erste Dokument, das Menschenrechte zur Sprache bringt, noch ist sie rechtlich im engeren Sinne bindend. Dennoch ist das Dokument von herausragender Bedeutung: Es steht an der Schnittstelle von Moral und Recht, bildet Maßstab und Leitbild gerechter Politik und macht jenseits nationaler, ethnischer, rechtlicher, gesellschaftlicher und religiöser Grenzen Gemeinsames sichtbar. Dass die Allgemeine Erklärung der Menschenrechte nicht einfach ein Ergebnis einer abendländischen oder jüdisch-christlichen Tradition ist, lässt sich bereits daran ablesen, dass die 18 Experten, die den Text der Erklärung erarbeiteten, verschiedenen Kulturen und Religionen entstammten. Neben dem Kanadier John Peters Humphrey sind hier vor allem Charles Malik, ein Libanese und orthodoxer Christ, und Peng-chun Chang, ein chinesischer, stark am Konfuzianismus orientierter Gelehrter, zu nennen. Die Tatsache, dass die Erklärung in geschlechtsneutraler Sprache gehalten ist („*all human beings*“ statt „*all men are created equal*“), ist ein Verdienst von Hansa Mehta, der indischen Delegierten in der Expertenkommission. Offenbar gelang es, vor dem Hintergrund verschiedener kultureller und weltanschaulicher Kontexte, sich pragmatisch auf konkrete, gemeinsame Vorstellungen zu verständigen.

Dies zeigt bereits: Das Bekenntnis zum Christlichen Menschenbild und das Sprechen über seine großen Themen – Schöpfung, Ebenbildlichkeit, Menschwerdung, Vergebung, Freiheit – sind nicht der einzige denkbare Begründungszusammenhang der Würde des Menschen und der sich hieraus ableitenden Menschenrechte. Aber: Das Christliche Menschenbild mag zwar nicht *der*, aber doch *ein* Weg zur Herleitung von Würde und Menschenrechten sein. Menschenrechte haben also durchaus eine westliche, christlich geprägte Tradition, sie sind aber kein *rein* westliches oder christliches Konzept.

Das Christliche Menschenbild kann allerdings – neben der Begründung – zwei weitere entscheidende Dinge leisten: Zum einen kann es Werte plausibel machen. Wo Werte ihre Plausibilität verloren haben, ist mit ihrer Bewahrung nicht zu rechnen. In Anlehnung an den amerikanischen Philosophen Richard Rorty können wir auch sagen, dass wir Sympathien für diese Rechte fördern.[58] Zum anderen kann es dazu beitragen, dass Menschen sich an diese Werte auch gebunden fühlen. Dass Menschen Würde haben, ist mehr als nur eine Meinung. Damit diese Überzeugung wirklich Orientierung sein kann und unser politisches Handeln prägt, ist eine perspektivische Verankerung wichtig, die den Menschen in seiner Ganzheit im Blick hat. Aus meiner Sicht liegt genau hier eine der zentralen Stärken des Christlichen Menschenbildes. Das Christliche Menschenbild kann eine Begründung liefern, es kann Sympathien für die Würde des Menschen und den aus ihr erwachsenden Rechten erwecken, es kann für die Einhaltung der

Menschenrechte werben, es kann sie plausibel machen und es kann dazu beitragen, dass Menschen sich an Werte auch wirklich gebunden fühlen. Es ist insofern eine enorme Ressource, deren Verlust in einer pluralistischen Gesellschaft niemand wollen kann.

Kapitel 3: Leitideen für eine Politik, die sich am „C" orientiert

Die katholische Soziallehre kennt vier Prinzipien: Personalität, Solidarität, Subsidiarität und Gemeinwohl. Darüber hinaus wird diskutiert, ob auch Nachhaltigkeit ein weiteres solches Prinzip bilden sollte. Will man Leitideen für eine Politik, die sich am „C" orientiert, erarbeiten, kommt man an der Soziallehre der katholischen Kirche nicht vorbei: Sie wurde in der Politik und der politischen Ethik breit rezipiert. Ich erlaube mir, diese Prinzipien als Leitideen aufzunehmen und um weitere – nämlich Schöpfungsverantwortung, Korrigierbarkeit und Wahrhaftigkeit – zu ergänzen. In Anlehnung an Oswald von Nell-Breuning verstehe ich diese Leitideen als geeignete „Baugesetze der Gesellschaft"[59].

Personalität: Den Menschen als Individuum ernst nehmen

Wir hatten bereits gesehen, dass das Christliche Menschenbild den Menschen als Zweck an sich selbst betrachtet. Die Würde des Menschen wird immer dann tangiert, wenn der Mensch objektifiziert und darauf reduziert wird, Mittel vermeintlich höherer Zwecke zu sein. Das Personalitätsprinzip ist – als eines der Prinzipien der katholischen Soziallehre – ein Maßstab, an dem sich die Strukturen und Institutionen einer Gesellschaft darauf hin bemessen lassen müssen, ob sie dem Menschen als ihrem „*Träger,*

Schöpfer und [...] Ziel"[60] gerecht werden. Das bedeutet vor allem, darauf bedacht zu sein, gesellschaftliche Strukturen so zu gestalten, dass die Entfaltungsbedingungen gesichert werden, unter denen der sich selbst aufgegebene Mensch die Möglichkeit hat, seine Freiheit und seine Verantwortung gegenüber sich selbst, seinen Mitmenschen und gegenüber Gott zu verwirklichen. Damit bildet das Personalitätsprinzip einen entscheidenden Bezugspunkt, auch für die weiteren Leitideen – Solidarität, Subsidiarität, Gemeinwohl, Schöpfungsverantwortung, Korrigierbarkeit und Wahrhaftigkeit.

Alles, was wir als sozial bezeichnen, ist im Kern immer eine Interaktion zwischen Menschen. Wenn wir also fragen, wie wir diese Interaktionen gestalten sollen, müssen wir zuallererst die Frage nach dem Menschen stellen. Das Christliche Menschenbild betrachtet den Menschen als Person. Der Begriff Person bezog sich ursprünglich auf die Maske eines Schauspielers und die Rolle, die er spielte. Schließlich meinte man damit überhaupt die Rolle, die ein Mensch einnimmt. Für die genauere Entfaltung des Begriffs waren vor allem auch die trinitätstheologischen Diskussionen relevant. Zu den wesentlichen Aspekten eines Verständnisses vom Menschen als Person gehören die leibgeistige Einheit des Menschen, sein In-Beziehung-Sein, seine Moralität, das Wissen um seine Endlichkeit und schließlich auch das, was die christliche Tradition als Sünde bezeichnet.

Wie auch Tiere gehört der Mensch zur materiellen Natur. Allerdings geht er im Unterschied zu nicht menschlichen Lebensformen nicht darin auf, Teil der materiellen Natur zu sein, sondern hat auch ein geistiges Leben. Dieses gründet in seiner Subjekthaftigkeit – wir können auch in seinem „Bei-sich-Sein" sagen – und geht über diese materielle Natur hinaus. Seine leibgeistige

Einheit, in der der Mensch auch, aber nicht nur körperliches Wesen ist, weist ihm eine einzigartige Stellung in der Schöpfung zu.

Der Mensch ist als Beziehungswesen auf ein Mit-Sein angelegt. Er ist nicht nur bei sich, sondern immer auch Teil eines andere Menschen umfassenden familiären, gesellschaftlichen und ökonomischen Beziehungsgeflechts. Anders formuliert: *„Der Mensch wird nur unter Menschen ein Mensch."*[61]

Der Mensch ist als Person moralisches Subjekt. Menschen können sich entscheiden, in einer bestimmten Weise zu handeln, und Gründe hierfür angeben. Ihnen ist – anders als Tieren – nicht einfach durch Instinkte oder durch Lust und Unlust vorgegeben, wie sie sich verhalten. Der Mensch steht somit auch unter einem sittlichen Sollensanspruch. Er kann frei handeln, ist also sich selbst und seinen Mitmenschen Rechenschaft für sein Handeln schuldig. Menschen leben nicht einfach, sondern sollen ihr Leben auch wirklich selbst *führen.* Moralisches Subjekt zu sein, bedeutet, Verantwortung für das eigene Handeln und gegenüber seinen Mitmenschen zu haben. Das Zweite Vatikanische Konzil formuliert dabei den Zusammenhang zwischen der Gottebenbildlichkeit, Personsein und der Freiheit des Menschen so:

> *„Die wahre Freiheit aber ist ein erhabenes Kennzeichen des Bildes Gottes im Menschen: Gott wollte nämlich den Menschen ‚in der Hand seines Entschlusses lassen' (Sirach 15,14), so dass er seinen Schöpfer aus eigenem Entscheid suche und frei zur vollen und seligen Vollendung in Einheit mit Gott gelange. Die Würde des Menschen verlangt daher, dass er in bewusster und freier Wahl handle, das heißt personal, von innen her bewegt und geführt und nicht unter blindem innerem Drang oder unter bloßem äußerem Zwang." (Gaudium et spes 17)*

Der Mensch zeichnet sich darüber hinaus dadurch aus, dass er die Endlichkeit seiner Existenz vor Augen hat und die Frage nach Ursprung und Sinn seiner Existenz stellt. Nicht nur religiöse Menschen, auch Atheisten und Agnostiker verhalten sich zu dieser Frage. Wir können diese Besonderheit des Menschen als religiös oder transzendenzbewandt bezeichnen.

Zur Realität der menschlichen Person gehört schließlich auch das, was im Christentum als Sünde bezeichnet wird. Dieser Begriff wird dabei häufig so verstanden, als sei damit die Übertretung bestimmter göttlicher Gebote oder Ähnliches gemeint. Das Wort Sünde ist eigentlich mit dem deutschen „Sund" verwandt, das so viel wie Abgrund oder Graben bezeichnet. Damit ist bereits treffender ausgedrückt, was eigentlich gemeint ist: Die Störung einer Beziehung, und zwar sowohl jene zu Gott als auch jene zu den Mitmenschen. Hier wird oft von Erb- oder Ursünde gesprochen. Damit ist gesagt, dass Menschen – so sehr sie sich auch bemühen – sich nicht gänzlich von strukturellen Verstrickungen in Schuld befreien können: Sei es, weil sie unfreiwillig Teil eines manchmal ungerechten Wirtschaftssystems sind oder weil Intransparenz es unmöglich macht, überhaupt sicher zu wissen, ob beispielsweise die Nahrungsmittel, die man isst, oder die Kleidung, die man trägt, unter fairen Bedingungen hergestellt wurden. Dass wir uns aus diesen grundsätzlichen Verstrickungen nicht selbst völlig lösen und erlösen können, bedeutet zugleich, dass es den Himmel auf Erden nicht gibt. Diese Einsicht mahnt zu Demut: Politik kann und darf nicht den Anspruch erheben, eine perfekte Welt zu schaffen. Wo sie es doch tut, wird sie ideologisch und im schlimmsten Fall totalitär.

Das Wort Sünde ist darüber hinaus so zu verstehen, dass zwischenmenschliche Beziehungen immer auch von

Gräben durchzogen sein können, weil Menschen dazu neigen, um sich selbst zu kreisen, ihren eigenen Vorteil im Blick zu haben, auch auf Kosten anderer. Die grundsätzliche Einsicht, dass sich Menschen oftmals auch ihrer gesellschaftlichen, sozialen oder familiären Verantwortung entziehen oder ihr zumindest nicht immer vollends gerecht werden, ist auch jenseits religiöser Weltanschauungen plausibel. Zum Christlichen Menschenbild gehört es auch, den Menschen im Negativen ernst zu nehmen. Er ist schwach, fehlbar und oftmals egoistisch: Von ihm zu erwarten oder zu verlangen, dass er sich selbst immer zurückstellt, dass er sich stets für seine Mitmenschen aufopfert und sich und seinen Besitz vollständig in den Dienst der Allgemeinheit stellt, überfordert ihn und ist illusorisch. Während das Christliche Bild vom Menschen um seine Befähigung zur Freiheit weiß und dieser mit höchster Achtung begegnet, ist es zugleich skeptisch gegenüber dem grenzenlosen Optimismus, dass der Mensch seine Freiheit immer zum Wohle aller gebrauchen wird. Es plädiert dafür, dies auch in der Gestaltung von Politik zu berücksichtigen. Christdemokraten beanspruchen gerade nicht, einen „neuen Menschen" zu schaffen, sondern erkennen seine Beschränkungen und Schwächen an. Während Religionen Wege der Befreiung und Überwindung von Sünde aufzeigen, versucht eine christdemokratische Politik gerade nicht, den Menschen zu „erlösen", sondern in Anerkennung seiner Würde und im Wissen um seine Schwächen ernst zu nehmen.

Wir sahen bereits, dass sich aus dem Christlichen Menschenbild – und damit ebenso wenig aus den hier vorgeschlagenen Leitideen – keine ganz konkreten politischen Maßnahmen ableiten lassen. Gleichwohl dient das Personalitätsprinzip als Prüfstein solcher Maßnahmen. Gestalten wir Institutionen und Abläufe so, dass sie dem

Menschen als selbstbestimmter Person und sozialem Wesen gerecht werden? Berücksichtigt unser Bildungssystem die Individualität von Schülern? Wie schützen wir das sich aus der Personalität und Würde eines Menschen ergebende Recht auf körperliche Unversehrtheit in Schwangerschaft, Krankheit und im Sterben? Wie gewährleisten wir, dass das sich ebenfalls aus der Personalität ergebende Selbstbestimmungsrecht des Menschen im Gesundheitswesen berücksichtigt wird? Gestalten wir das öffentliche Leben so, dass Menschen mit Behinderung daran partizipieren können? Trägt unsere Politik dazu bei, Handlungs- und Entfaltungsräume für Menschen zu schaffen?

Solidarität: Der Mensch zwischen Freiheit und Verantwortung

> *„Solidarität heißt füreinander dasein, weil der einzelne und die Gemeinschaft darauf angewiesen sind. Solidarität verbindet die Menschen untereinander und ist Grundlage jeder Gemeinschaft. Sie ist Ausdruck der sozialen Natur des Menschen." (Ludwigshafener Grundsatzprogramm, 1978)*

Begrifflich leitet sich Solidarität aus *solidus* (fest, ganz, sicher gegründet) und *solidum* (fester Grund, Boden) ab. Mit Solidarität verbinden wir den Zusammenhalt einer Gruppe, die sich meist über eine bestimmte Gemeinsamkeit ihrer Mitglieder definiert. Häufig ist hiermit der Anspruch verbunden, der Einzelne möge sich mit der Gruppe und anderen Mitgliedern dieser Gruppe identifizieren und ihnen gegenüber eine Haltung der Loyalität einnehmen. Der Begriff der Solidarität selbst entstammt dem Französischen: Hier bezog er sich zunächst als rechtlicher Begriff auf Schuldnergemeinschaften, wurde aber im Zuge der Französischen Revolution teilweise (anstelle von *fraternité*) Bestandteil der Revolutionsparole.

In ihrem christlichen Verständnis zeichnet sich Solidarität dadurch aus, dass sie sich nicht auf bestimmte Gruppen beschränkt. Vielmehr ist sie hier grundsätzlich hingeordnet auf den Menschen als Ebenbild Gottes. Solidarität gründet also zuallererst in der allen Menschen gleichermaßen zukommenden Würde. Auch der Gedanke der Menschwerdung Gottes kommt hier zum Tragen: So wie Gott ganz Mensch wird, so sind auch wir gemahnt, im Sinne einer *imitatio Dei* wirklich menschlich zu werden.

Die Evangelien berichten, dass Jesus sich in seinem Wirken in vermeintlich schlechte Gesellschaft begab und sich besonders mit Ausgegrenzten und Missachteten solidarisierte: Leprakranken, Dirnen, Zöllnern, Bettlern, Samaritanern. Die Solidarität Gottes überschreitet schließlich alle Grenzen und geht hinein bis in Schwachheit, Ungerechtigkeit und schließlich den Tod am Kreuz. Das Gebot der Menschlichkeit richtet sich aus an einer umfassenden Mit-Menschlichkeit. Das gilt für beide Ebenen der Solidarität: einerseits auf der Ebene des Individuums, wo Solidarität vor allem eine Frage der Tugend und der Haltung ist; und andererseits auf der strukturellen, institutionellen Ebene. Auf der individuellen Ebene ist Solidarität ungeschuldet und freiwillig, auf der institutionellen Ebene ist sie im Sinne einer Rechtspflicht geschuldet. Dass der Mensch Ebenbild Gottes ist und ihm eine unverfügbare Würde zu eigen ist, heißt auch, dass wir als Einzelne und Gemeinschaft anderen Menschen gegenüber bestimmte Pflichten haben. Solidarität meint also auf der institutionellen Ebene, dass jeder in der Pflicht ist, daran mitzuwirken, dass der menschenrechtliche Status der Person für alle gewährleistet ist.

Sie bildet damit beispielsweise das Fundament jeglicher Sozialgesetzgebung.

Solidarität bedeutet – so hat es Benedikt XVI. in der Enzyklika *Caritas in veritate* formuliert –, „dass sich alle für alle verantwortlich fühlen“[62]. Natürlich sind politisch zu schaffende und zu gestaltende Strukturen notwendig, um Solidarität in unserer Gesellschaft zu verwirklichen und zu ordnen. Leistungen in der Form von Finanztransaktionen, die Menschen aufgrund ihrer besonderen Lebenssituation oder Bedürftigkeit zugeteilt werden, sind wichtig – und doch müssen wir dabei im Blick haben, dass Solidarität mehr bedeutet. Während die Politik durch entsprechende Sozialgesetze regeln kann, was wir einander als Solidargemeinschaft schulden, kann sie nicht festschreiben, was wir einander schenken. Als Gemeinwesen leben wir nicht nur davon, was wir einander gesetzlich schulden, sondern ganz wesentlich von dem, was wir in Freiheit bereit sind, füreinander zu geben. Verantwortete Freiheit wird gerade dort Wirklichkeit, wo Menschen geben, ohne geben zu müssen. Wo Menschen sich beispielsweise ehrenamtlich um Flüchtlinge kümmern, Schwerstkranken und Sterbenden durch ihr Engagement auf Palliativstationen ein würdevolles Sterben ermöglichen oder sich als Wertebotschafter an Schulen für die Stärkung unserer Demokratie einsetzen. Hier wird deutlich, dass Solidarität weit mehr umfasst als das, was wir in Gesetze gießen können. Und selbst die staatlich geschaffenen Strukturen der Solidarität sind auf die freie Zustimmung der Bürger und Bürgerinnen angewiesen: Sie können die Freiheit des Menschen nicht ersetzen. Der Staat kann also durch Gesetze und Institutionen Ansprüche auf bestimmte Leistungen festschreiben, ihre Finanzierung durch das Gemeinwesen regeln und für eine faire und transparente Verteilung von Sozialleistungen sorgen. Er kann aber nicht aus sich selbst heraus das notwendige Minimum an Gemeinwohlorientierung gewährleisten. *Demokratie braucht Tugenden* – so der Titel eines Gemeinsamen Wortes der EKD und der DBK (2006), die darin formulieren:

> *„In einem freiheitlichen Gemeinwesen können die Institutionen den Akteuren die Verantwortung für das Gemeinwohl nicht abnehmen. Die Demokratie rechnet mit einer auf die demokratischen Institutionen ausgerichteten Ethik des politischen Handelns.“*[63]

Die Ethik politischen Handelns – und damit ist jedes Handeln eines Gemeinwesens gemeint – kann der Staat nicht erzeugen. Die Entscheidung, solidarisch sein zu wollen, vermag er nicht für seine Bürger zu treffen. Solidarität ist auf der persönlichen, individuellen Ebene eine Tugend, zu deren Kultivierung und Einübung auch persönliche Glaubensüberzeugungen einen entscheidenden Beitrag leisten können.

Politischer Ausdruck von Solidarität sind beispielsweise die sozialen Sicherungssysteme, das heißt die gesetzlichen Arbeitslosen-, Kranken-, Pflege- und Unfallversicherungen. Durch sie werden gemeinschaftlich jene Risiken abgesichert, die der Einzelne unmöglich alleine zu tragen vermag. Der Beitrag, den der Einzelne hier zahlt, ist nicht abhängig vom persönlichen Risiko. Wer sich auf die Solidarität anderer verlässt, ist auch selbst in der Pflicht, Solidarität zu üben. Dieses System „demografiefest“ zu machen, ist eine der großen sozialpolitischen Herausforderungen unserer Zeit. Solidarität ist heute zudem mehr denn je eine globale Frage. Hilfe und Unterstützung für Arme wird nicht durch den Markt reguliert, sondern ist auf eine Politik angewiesen, die sich einer globalen Solidarität verpflichtet weiß. Dabei kommt es darauf an, Menschen nicht einfach auf ihre Bedürftigkeit zu reduzieren und sie zu einer bloßen Versorgungsfrage zu machen. Entscheidend ist vielmehr, wie wir – und hier müssen wir Solidarität, Subsidiarität und Personalität zusammendenken – Hilfe nicht paternalistisch von oben herab zuteilen, sondern Strukturen schaffen, die Menschen dazu befähigen, sich selbst zu helfen.

Subsidiarität: Hilfe zur Selbsthilfe

> *„Die Verwirklichung der Freiheit bedarf der eigenverantwortlichen Lebensgestaltung nach dem Prinzip der Subsidiarität." (Ludwigshafener Grundsatzprogramm, 1978)*

Die Leitidee der Subsidiarität betrifft die Zuordnung von Zuständigkeiten und Aufgaben. Sie ist daher ein Organisationsprinzip. Die Grundidee dieses Prinzips lässt sich dabei bis Aristoteles zurückverfolgen, der im Hinblick auf den Idealstaat Platons kritisiert, dass der Staat zu sehr dazu neigt, zu vereinheitlichen – wo doch sein Wesen gerade in der Vielheit bestehe.[64] Der lateinische Begriff *subsidium* (Hilfestellung) deutet an, worum es geht: Kleinere Einheiten – der Einzelne, die Familie, gesellschaftliche Gruppen und Organisationen – sind grundsätzlich zunächst in ihrer Kompetenz und ihrer Selbstbestimmung zu achten. Übergeordnete Einheiten sollen erst dann durch Hilfestellungen tätig werden, wenn die Funktionsweise kleinerer Einheiten nicht mehr gewährleistet ist. Dabei muss es wirklich um Hilfeleistung und nicht etwa um die langfristige Umverteilung von Kompetenzen gehen. Der Mensch steht als sich selbst aufgegebenes, freies und verantwortliches Wesen dabei im Mittelpunkt. Subsidiarität bedeutet, die Selbstentfaltung und Selbstverantwortung des Einzelnen nicht durch Bevormundung außer Kraft zu setzen, sondern im Sinne einer Hilfe zur Selbsthilfe zu unterstützen. Sie beinhaltet auch, dass der Staat nicht im Sinne eines Rundum-Wohlfühlpaketes sich grundsätzlich um alles kümmert. Insofern drückt Subsidiarität auch eine Beschränkung staatlicher Zuständigkeit aus. Damit ist ein Schutzanspruch des Einzelnen gegenüber dem Staat ausgesagt. So sind für die Erziehung von Kindern beispielsweise primär die Eltern und nicht grundsätzlich der Staat zuständig. Während Solidarität eine horizontale Perspektive einnimmt und die Verpflichtung und Bereitschaft zu gegenseitiger Hilfe meint, nimmt die Subsidiarität eine vertikale Perspektive ein und bezieht sich auf die Gewährleistung der Freiheit des Einzelnen und kleinerer Gemeinschaften gegenüber übergeordneten Strukturen, die ihrerseits dazu verpflichtet sind, wo nötig zu helfen und zu unterstützen.

Ursprünglich war das Subsidiaritätsprinzip eine Besonderheit der katholischen Soziallehre, fand aber zunehmend Eingang in politische Ordnungen, etwa durch die Konferenz „Europa der Regionen“ (1989). Diese forderte, dass Subsidiarität und Föderalismus die Architekturprinzipien der Gemeinschaft sein müssen.[65] Der Vertrag von Maastricht verankerte das Subsidiaritätsprinzip explizit im Selbstverständnis der Europäischen Union (1992).[66] Maßgeblich für das Verständnis von Subsidiarität ist bis heute die Enzyklika *Quadragesimo anno* (1931) von Pius XI., die wie folgt erläutert:

> *„[W]ie dasjenige, was der Einzelmensch aus eigener Initiative und mit seinen eigenen Kräften leisten kann, ihm nicht entzogen und der Gesellschaftstätigkeit zugewiesen werden darf, so verstößt es gegen die Gerechtigkeit, das, was die kleineren und untergeordneten Gemeinwesen leisten und zum guten Ende führen können, für die weitere und übergeordnete Gemeinschaft in Anspruch zu*

nehmen; zugleich ist es überaus nachteilig und verwirrt die ganze Gesellschaftsordnung. Jedwede Gesellschaftstätigkeit ist ja ihrem Wesen und Begriff nach subsidiär; sie soll die Glieder des Sozialkörpers unterstützen, darf sie aber niemals zerschlagen oder aufsaugen. Angelegenheiten von untergeordneter Bedeutung, die nur zur Abhaltung von wichtigeren Aufgaben führen müßten, soll die Staatsgewalt also den kleineren Gemeinwesen überlassen. Sie selbst steht dadurch nur um so freier, stärker und schlagfertiger da für diejenigen Aufgaben, die in ihre ausschließliche Zuständigkeit fallen, weil sie allein ihnen gewachsen ist [...]."[67]

Vier entscheidende Aspekte kommen hier zur Sprache:

- Jede Gesellschaftstätigkeit ist ihrem Wesen nach subsidiär, das heißt eine Hilfestellung im Dienst des einzelnen Menschen. Die Gestaltung der gesellschaftlichen Ordnung muss sich also am Wohl der Person orientieren, weil er Träger, Maßstab und Ziel aller gesellschaftlichen Einrichtungen ist. Damit knüpft das Subsidiaritätsprinzip unmittelbar an die Idee der Personalität an: Der Mensch ist frei und somit eigenverantwortlich. Ihm zu entreißen, was er aus eigener Kraft zu leisten vermag, verletzt seine Würde.
- Der Mensch ist frei, aber nicht autark, sondern ist auf die Hilfe der Gemeinschaft angewiesen. Hier zeigt sich, dass Subsidiarität und Solidarität zusammengehören. Einerseits ist die Gemeinschaft in der Pflicht, Hilfe anzubieten, zugleich darf sie sich nicht einfach Kompetenzen anmaßen.
- Das Hilfestellungsangebot richtet sich von oben nach unten: Das je größere Sozialgebilde steht im Dienst des jeweils untergeordneten Sozialgebildes.
- Gleiches gilt für die Anmaßung von Kompetenzen: Dem je größeren Sozialgebilde ist es untersagt,

dem je kleineren Aufgaben zu entziehen, die diese aus eigener Kraft bewältigen können.

Man könnte auch sagen: So viel Kompetenz für die kleinere Sozialeinheit wie möglich, so viel Kompetenz für die jeweils größere Einheit wie notwendig. Wo sich Konflikte im Hinblick auf die Zuordnung von Kompetenzen auftun, ist immer zu fragen, was dem Wohl der Person am ehesten entspricht. Doch was bedeutet dies konkret?

Für die Sozialpolitik etwa bedeutet Subsidiarität im Sinne einer Hilfe zur Selbsthilfe, dass es nicht nur darum geht, Menschen die Überbrückung akuter Notlagen (beispielsweise Arbeitslosigkeit) durch Transferleistungen zu ermöglichen, sondern auch an den Umständen anzusetzen, die solche Notlagen verursachen. Im Hinblick auf die Familienpolitik bedeutet Subsidiarität, das soziale Gebilde der Familie zu achten, zu stärken und ihr zu ermöglichen, ihre ureigene gesellschaftliche Funktion der Verantwortung und gegenseitigen Solidarität wahrzunehmen. Subsidiarität hat darüber hinaus eine zentrale Bedeutung für die Gestaltung internationaler Politik: Zu denken ist dabei etwa an die zahlreichen gewaltsamen Konflikte, für die es eine internationale Friedensordnung braucht, die die strafrechtliche Verfolgung von Verbrechen gegen die Menschlichkeit ermöglicht. Entwicklungspolitik, die die Not armer Länder im Sinne einer Hilfe zur Selbsthilfe wirksam bekämpfen will, muss ebenfalls subsidiär ansetzen und sowohl die politischen Rahmenbedingungen der betroffenen Länder als auch die globale Wirtschaftsordnung in den Blick nehmen. Dies gilt in ähnlicher Weise für eine zielführende Menschenrechtspolitik: Sie muss im Sinne der Subsidiarität ebenso die internationale wie auch die nationale Ebene integrieren.

Schöpfungsverantwortung

Die Leitideen Personalität, Solidarität und Subsidiarität und Gemeinwohl haben gemeinsam, dass sie in erster Linie das Verhältnis der Menschen untereinander adressieren. Die Leitidee der Schöpfungsverantwortung unterscheidet sich hiervon, da sie ökologische Herausforderungen in den Blick nimmt und somit unser Verhältnis zur Natur – oder, christlich gesprochen, zur Schöpfung. Zugleich besteht hier auf den ersten Blick eine gewisse Verwechslungsgefahr: Manchmal wird unterstellt, dass Schöpfungsverantwortung einfach nur das christliche Äquivalent zu Nachhaltigkeit sei. Ursprünglich stammt der Begriff der Nachhaltigkeit aus der Forstwirtschaft und meint, dass man nicht mehr Holz schlagen dürfe, als nachwachsen kann. „Nachhaltig" ist bereits bei Hans Carl von Carlowitz, der dieses Prinzip erstmals formulierte, ein Gegenbegriff zu „nachlässig"[68]. Dabei ist Nachhaltigkeit bereits in ihrem ursprünglichen forstwissenschaftlichen Kontext nicht einfach im Sinne einer Begrenzung gemeint, sondern auch im Sinne einer Optimierung der Anpflanzung und Pflege von Bäumen. Optimierung bedeutet, Nutzung nicht nur zu begrenzen, sondern auch innovative Wege zu erschließen, um Ressourcen ideal zu nutzen. Wenn wir heute von Nachhaltigkeit sprechen, dann haben wir diese forstwirtschaftliche Grundidee insgesamt darauf ausgeweitet, nicht mehr Ressourcen zu verbrauchen, als sich im gleichen Zeitraum neu ausbilden. Ressourcen dürfen von einer Generation so weit genutzt werden, solange die zugrunde liegende Ergiebigkeit erhalten bleibt, oder um es mit einem Wort zu sagen: Unsere Ressourcennutzung muss enkelgerecht sein.

Der moralische Imperativ der Nachhaltigkeit gründet in der Verantwortung, die wir zukünftigen Generationen, aber auch unseren Mitmenschen und deren Lebensgrundlagen gegenüber haben. Für manche ist gerade das Christliche Menschenbild, das den Menschen in den Mittelpunkt stellt und ihn als „Krone der Schöpfung" betrachtet, ein Teil des Problems: Wo der Mensch im Mittelpunkt steht, dort werde die Natur vernachlässigt, ja ausgebeutet. Dieser Position widerspreche ich: Gerade dort, wo der Mensch in den Mittelpunkt gestellt wird, ist Nachhaltigkeit ein dringendes Gebot. Es geht nicht darum, die Position zu überwinden, dass der Mensch Maß und Mitte der Politik sein muss, sondern darum, in diese Einsicht auch ökologische und ökosoziale Perspektiven zu integrieren. Ähnlich hat es auch die Rio-Erklärung, die aus der UNO-Konferenz über Umwelt und Entwicklung in Rio de Janeiro 1992 hervorging und 27 ethische Prinzipien der Nachhaltigkeit enthält, formuliert: *„Human beings are at the centre of sustainability*"[69], die Menschen stehen im Mittelpunkt der Bemühungen um eine nachhaltige Entwicklung. Nachhaltigkeit bedeutet also nicht, die Nutzung der Natur durch den Menschen zu überwinden oder grundsätzlich zu verurteilen. Die Frage ist nicht, ob wir die Natur nutzen dürfen, sondern wie wir sie in Verantwortung für unsere Mitmenschen nutzen sollen. Wir können auch sagen: Nachhaltigkeit ist im Kern ein „Naturnutzungskonzept"[70].

Die Stärke und Einzigartigkeit des christlichen Motivs der Schöpfungsverantwortung besteht in der doppelten Verantwortung, die sich aus ihr ableitet: Ein achtsamer Umgang mit der Schöpfung ist einerseits Ausdruck unserer Verantwortung anderen Menschen – insbesondere zukünftigen Generationen – gegenüber. Zugleich bedeutet Schöpfungsverantwortung aber auch, Achtung vor der Schöpfung um ihrer selbst willen zu haben. Schöpfungsverantwortung umfasst dabei mehr als nur Nachhaltigkeit. In Genesis 2,15 wird berichtet, dass Gott den Menschen in den Garten Eden setzt, um diesen zu bebauen und zu bewahren. Die Verantwortung, die ihm dort aufgetragen wird, umfasst die Schöpfung in ihrer Ganzheit: die Pflanzen, die Luft, die Tiere, die Erde. Papst Franziskus hat diesen Gedanken anlässlich der Messe zu seiner Amtseinführung am 19. März 2013 in Erinnerung gerufen:

> *„Die Berufung zum Hüten geht nicht nur uns Christen an; sie hat eine Dimension, die vorausgeht und einfach menschlich ist, die alle betrifft. Sie besteht darin, die gesamte Schöpfung, die Schönheit der Schöpfung zu bewahren, wie sie uns im Buch Genesis gesagt wird und wie es uns der heilige Franziskus von Assisi gezeigt hat: Sie besteht darin, Achtung zu haben vor jedem Geschöpf Gottes und vor der Umwelt, in der wir leben. [...] Im Grunde ist alles der Obhut des Menschen anvertraut, und das ist eine Verantwortung, die alle betrifft. Seid Hüter der Gaben Gottes!“*[71]

Im Hinblick auf die Bewahrung der Schöpfung geht es auch, aber eben nicht nur um die Nützlichkeit der Schöpfung für den Menschen. Vielmehr soll das Lebendige um seiner selbst willen leben dürfen. Papst Franziskus greift damit eine Tradition auf, die eng mit seinem Namenspatron, dem heiligen Franziskus von Assisi, verbunden ist. Bereits im 13. Jahrhundert, vermutlich gegen Ende seines Lebens, verfasste dieser den Sonnengesang, in dem es heißt:

> *„Gelobt seist du, mein Herr, für unsere Schwester Mutter Erde, die uns erhält und lenkt und vielfältige Früchte hervorbringt, mit bunten Blumen und Kräutern.“*[72]

Der Mensch steht hier nicht über der Schöpfung, sondern ist ein Teil von ihr. Er hat als Ebenbild Gottes in dieser Schöpfung eine herausragende Stellung, die darin besteht, Verantwortung zu übernehmen für alles Geschaffene, das ihn umgibt. Eine dem Christlichen Menschenbild verpflichtete Politik muss beide Grundanliegen der Schöpfungsverantwortung – Verantwortung für den Menschen und Verantwortung für seine Umwelt – in konkretes politisches Handeln übersetzen. Ein Ausdruck unserer Verantwortung gegenüber der Schöpfung um ihrer selbst willen ist beispielsweise der Artenschutz: Hier geht es darum, den Grundbestand der Schöpfung, ihren Reichtum und ihre Schönheit zu behüten, unabhängig von ihrer unmittelbaren Nützlichkeit für den Menschen. Damit ist keineswegs gesagt, dass wir Pflanzen und Tiere nicht grundsätzlich auch als Ressource nutzen dürfen. Aber diese Nutzung muss flankiert sein durch ein Verantwortungsbewusstsein, das sich auch auf Pflanzen und Tiere erstreckt. Dabei kommt es darauf an, diese doppelte Verantwortung auch jenen zu erklären, die areligiös oder nicht christlich sozialisiert sind und auf Anhieb mit dem biblisch geprägten Begriff der Schöpfung wenig anfangen können. Wir dürfen hier keine falschen, verkürzenden Kompromisse eingehen: Schöpfungsverantwortung ist nicht identisch mit Nachhaltigkeit oder Naturschutz, sondern sie umfasst perspektivisch einerseits den Menschen als Mittelpunkt unseres Handelns, aber auch die nicht menschliche Schöpfung, die ihn umgibt. Verantwortung für Mensch und Natur sollten nicht gegeneinander ausgespielt werden, sie gehören zusammen. Nachhaltigkeit ist ein Instrument, mit dem wir Schöpfungsverantwortung wahrnehmen.

Die im Hinblick auf die ökologische Frage vielfach vorgebrachte Skepsis gegen Technik und Wohlstand teile ich nicht. Im Gegenteil: Wir brauchen technische

Innovation, um ressourcenschonende Verfahren entwickeln zu können. Das menschliche Streben nach Wohlstand muss nicht überwunden, sondern ökologisch sensibilisiert werden. Nachhaltigkeit muss dabei die komplexen Wechselwirkungen von ökologischen, sozialen und ökonomischen Faktoren berücksichtigen. Darüber hinaus muss Nachhaltigkeit insbesondere mit den Leitideen der Personalität, der Solidarität und der Subsidiarität in Beziehung stehen. Ohne eine Rückbindung an die Personalität besteht die Gefahr, dass anderes in den Mittelpunkt gestellt und der Mensch Mittel zum Zweck wird. Nachhaltigkeit kann nicht ohne einen klaren Bezug zur Würde des Menschen plausibel gemacht werden. Sie ist ohne grenzüberschreitende, ja im besten Sinne globale Solidarität nicht realisierbar. So ist der Klimawandel als ökologische Frage par excellence ein globales Problem. Etwa 70 Prozent der armen Menschen in Entwicklungsländern leben in ländlichen Gebieten und sind in existenzieller Weise von klimabedingten Ernteausfällen betroffen – durch Dürren, aber auch durch Überschwemmungen und Starkniederschläge. Wo Ernten vernichtet werden, verlieren Menschen ihre Existenzgrundlage und landen in Armut. Wenn wir Armut langfristig und wirksam bekämpfen und überwinden wollen, dann muss Schöpfungsverantwortung Teil unserer Strategie sein. Umgekehrt darf Nachhaltigkeit nicht nur eine abstrakte Forderung sein, sondern muss sich auch konkret solidarisch niederschlagen. Für eine Politik, die sich am Christlichen Menschenbild orientiert, ist klar, dass Nachhaltigkeit nicht ohne Subsidiarität machbar ist. Wo sich Nachhaltigkeitskonzepte nicht auch am Subsidiaritätsprinzip orientieren, werden häufig mehr Staat, mehr Regeln, mehr Zentralisierung und mehr Bevormundung des Bürgers gefordert. Der Begriff der Nachhaltigkeit fasst eine Vielzahl von Herausforderungen zusammen. Er betont dabei vor allem den Faktor Zeit, da es darum geht, wie wir das Jetzt gestalten müssen, um eine Zukunft zu ermöglichen, in der kommende Generationen gut leben können. Zugleich gilt: Die Zukunft lässt sich nicht restlos ausrechnen. Wir können angesichts zukünftiger Innovationen sowie sozialer und globaler Entwicklungen nicht im Detail wissen, welchen Ressourcenbedarf zukünftige Generationen faktisch haben werden. Neben dem Anspruch, Ressourcen für zukünftige Generationen zu erhalten, müssen wir es uns zum Ziel machen, ihnen eine Welt zu übergeben, die ihnen die Freiheit ermöglicht, eigene Entscheidungen über ihre Lebensgestaltung zu treffen.

Gemeinwohl: Mehr als nur ein Kompromiss

Der Mensch ist ein Beziehungswesen. Er ist kein Solo-Unternehmen, sondern lebt in und aus vielfältigen sozialen Bezügen. Diese eigentlich triviale Feststellung ist angesichts starker Tendenzen hin zur Individualisierung und zum Vorrang des Individuums gegenüber der Gemeinschaft keine Selbstverständlichkeit mehr. Dass der Mensch sich nicht selbst genügt, haben wir in erschütternder Deutlichkeit während der Coronakrise gemerkt, die große Teile des öffentlichen und privaten Lebens lahmlegte. Die Phasen, in denen Menschen zu *social distancing* aufgerufen waren und auf einen Großteil ihrer alltäglichen sozialen Kontakte verzichten mussten, waren für viele eine große Anomalie und Last. Es entspricht offensichtlich nicht der Natur des Menschen, auf Kontakte zu anderen Menschen zu verzichten. Die

Pandemie offenbarte noch Weiteres über ihn: Einerseits zeigte sich in absurden Hamsterkäufen diverser Haushaltsprodukte und Nahrungsmittel, aber auch in der gefährlichen Rücksichtslosigkeit gegenüber sogenannten Risikogruppen der Egoismus des Menschen. Andererseits belegte diese Krise auch: Wenn es darauf ankommt, nehmen Menschen große Lasten auf sich, um anderen zu helfen. Das gilt im Kleinen, etwa dort, wo sich spontan Initiativen bildeten, die den Wocheneinkauf für Ältere übernahmen, es gilt aber auch im Großen, wo Ärzte und Pflegepersonal alles – einschließlich der eigenen Gesundheit – der Rettung menschlichen Lebens hintanstellten. Krisen legen besonders plastisch offen, was auch grundsätzlich für unser Zusammenleben gilt. Die Freiheit des Einzelnen kommt dort an ihre Grenzen, wo sie zu einem Egoismus wird, der der Allgemeinheit schadet. Menschen brauchen einander und tragen Verantwortung füreinander. Dieser Realität kann und darf sich in einem Gemeinwesen niemand entziehen.

Die Leitidee des Gemeinwohls bezieht sich vor allem auf die soziale Natur des Menschen. Gerade weil er ein soziales Wesen ist, konkretisiert sich die Würde auch in einer guten Ordnung menschlichen Zusammenlebens. Verstöße gegen den Kernbestand des Gemeinwohls bergen immer auch Verstöße gegen die Würde des Menschen in sich. Der Staat kann seine Bürger im besten Sinne nicht zu ihrem Glück zwingen. Er ist kein Glücksgenerator und gibt seinen Bürgern auch nicht vor, worin sie ihr Glück zu suchen haben. Gemeinwohl und Personalität sind aufeinander verwiesen. Da jedes Individuum ganz eigene und persönliche Vorstellungen davon hat, was ihn oder sie glücklich macht, kann und darf der Staat diese Aufgabe gar nicht übernehmen. Glück lässt sich nicht monopolisieren. Der Staat schafft vielmehr die

Bedingungen, unter denen ein jeder die Möglichkeit hat, sein Glück zu suchen. So lässt sich Gemeinwohl auch zunächst definieren: Als Zustand, in dem alle die Möglichkeit haben, nach ihrem Glück zu streben. Ein solches Verständnis von Gemeinwohl, das sich am Christlichen Menschenbild orientiert und sich dem Personalitätsprinzip verpflichtet weiß, ist fähig, mit dem Plural an Lebensentwürfen, Weltanschauungen, Interessen und Glücksvorstellungen umzugehen. Das Christliche Menschenbild behauptet nicht, den Menschen glücklich machen zu können, sondern nimmt sein Personsein ernst und fordert daher Freiheitsräume für den Einzelnen.

Damit das Spannungsverhältnis von Pluralität und Gemeinwohl allerdings nicht aus den Fugen gerät, braucht es geteilte Werte. Dazu gehört zuvorderst die Gleichheit und Würde aller Menschen, der Verzicht auf Gewalt zur Durchsetzung eigener Interessen und Wünsche, die Achtung vor Recht und Gesetz. Das Zweite Vatikanische Konzil nennt das Gemeinwohl

> *„die Gesamtheit jener Bedingungen des gesellschaftlichen Lebens, die sowohl den Gruppen als auch den einzelnen Gliedern ein volleres und leichteres Erreichen der eigenen Vollendung ermöglichen". (Gaudium et spes 26)*

Gemeinwohl ist mehr als nur ein Kompromiss zur friedlichen Koexistenz verschiedener Lebensentwürfe, Einzelinteressen und Sinnentwürfe. Vielmehr erhält es die Einheit eines Gemeinwesens, in dem es bei aller lebensweltlicher und weltanschaulicher Vielfalt durch gemeinsame und geteilte Grundwerte einen ordnenden Rahmen des gesellschaftlichen Zusammenlebens schafft. Natürlich haben Christen keinerlei Vorrecht in der Gestaltung und Bestimmung des Gemeinwohls, aber sie haben eine besondere Bringschuld. Nicht etwa, weil das Gemeinwohl bereits seit vielen Jahrhunderten Gegenstand der christlichen Theologie ist und Christen auf einen umfangreichen Erfahrungsschatz zurückgreifen können. Ihre Bringschuld in der Gestaltung des Gemeinwohls besteht vielmehr deswegen, weil Christen davon überzeugt sind, dass der Mensch Ebenbild Gottes und insofern auch Träger, Ursprung und Ziel aller gesellschaftlichen Einrichtungen ist. Hieraus erwächst eine ganz persönliche Verantwortung für Christen, für diese Überzeugung einzutreten und ihr Ausdruck zu verleihen.

Korrigierbarkeit: Die Zeichen der Zeit lesen

Ich hatte bereits dargelegt, dass eine Politik auf der Grundlage des Christlichen Menschenbildes gerade nicht per se – und nur in einem sehr bestimmten Sinne – konservativ ist. Politik, die sich am Christlichen Menschenbild ausrichtet, versucht nicht, Vergehendes zu bewahren, sie lässt sich nicht leiten von einer Verlustangst, sondern von einer Offenheit für Neues. Politik ist – anders als Religion – nicht dogmatisch. Während Kirchen erhebliche Plausibilitätsschwierigkeiten bekommen, wenn sie plötzlich einen Standpunkt einnehmen, den sie zuvor dezidiert ablehnten, sollten Parteien sich nicht vor Kurskorrekturen scheuen. Ihre Relevanz und die Relevanz der Werte, für die sie einstehen, hängt davon ab, ob es ihnen gelingt, angesichts neuer Herausforderungen neue Antworten zu finden. Otfried Höffe bringt in einem Artikel in der Frankfurter Allgemeinen Zeitung zur Leitfrage „Gibt es christliche Politik – und wenn ja, warum und wie viel?“[73] das Kriterium der Korrigierbarkeit ins Gespräch. In Anlehnung an ihn plädiere ich hier für eine Haltung der Korrigierbarkeit, die dabei Ausdruck des Christlichen Menschenbildes ist. Zunächst bedeutet

Korrigierbarkeit, sich im Hinblick auf Neues, also etwa politische Gestaltungsmaßnahmen, die auf neue Herausforderungen reagieren, selbst zuzugestehen, nicht von vornherein Perfektion erzielen zu können. Eine so verstandene Korrigierbarkeit wird der Einsicht des Christlichen Menschenbildes gerecht, dass wir als Menschen immer einen begrenzten Erkenntnishorizont haben und uns daher auch irren, dass wir hier auf Erden nur Vorläufiges regeln können und dass wir nicht immer die vollen Konsequenzen unseres Handelns überblicken können. Ich möchte Korrigierbarkeit aber auch konkret im Hinblick auf die eigenen Positionen verstanden wissen. Korrigierbarkeit bildet auch einen Gegenbegriff zu „konservativ", weil es gerade nicht darum geht, Vergehendes um seiner selbst willen zu bewahren, sondern neue Antworten auf neue Herausforderungen zu erschließen, auch um den Preis, sich von bisher vertretenen Standpunkten abzuwenden. Zugleich ist diese Korrigierbarkeit als Gegenbegriff zu verstehen zu einem politischen Dogmatismus, der sein Handeln niemals hinterfragt, sondern immer der reinen politischen Lehre unterordnet. Korrigierbarkeit ist dabei nicht Beliebigkeit: Die Kerninhalte des Christlichen Menschenbildes stehen niemals zur Disposition. Die Frage ist hier vielmehr: Wie lassen sich diese Grundüberzeugungen in die politische Praxis übersetzen? Hier muss Politik offen sein, lernen können und den Mut zur Korrektur besitzen. Wir hatten bereits gesehen, dass die Union sich nicht nur als christlich, sondern auch als liberal, sozial und konservativ versteht. In Bezug auf das Selbstverständnis der Partei lässt sich sagen: Während liberal, sozial und konservativ sowohl inhaltlich als auch in ihrem Verhältnis zueinander einer ständigen Korrektur bedürfen, ist das Christliche Menschenbild dabei jener Prüfstein, an dem sich diese Korrektur ausrichtet. Dieses Prinzip der Korrigierbarkeit entspricht dem christlichen

Motiv der „Zeichen der Zeit“. Dieser Begriff aus dem Matthäusevangelium (16,3) wurde durch das Zweite Vatikanische Konzil und die Enzyklika *Pacem in terris*, in der die katholische Kirche erstmals ausdrücklich die Menschenrechte anerkennt, aufgenommen.[74] Zur Erfüllung ihres Auftrages habe die Kirche die Pflicht, nach den Zeichen der Zeit zu forschen, so fordert es *Gaudium et spes*, und versteht diese dabei als Ereignisse, Bedürfnisse und Wünsche der Menschen, die es daraufhin zu prüfen gilt, was „wahre Zeichen der Gegenwart und Absicht Gottes sind“ (*Gaudium et spes* 11). Natürlich lässt sich diese Forderung nicht ohne Weiteres in den politischen Betrieb übernehmen. Die Zeichen der Zeit sind zunächst ein theologischer Offenbarungsbegriff. Offenbarung im religiösen Sinn hat allerdings im politischen Betrieb nichts zu suchen. Und dennoch drückt sich hier eine Haltung aus, die für uns auch in der Politik gewinnbringend sein kann. Die Zeichen der Zeit zu lesen, sollte für das politische Handeln bedeuten, sich der Realität nicht zu verweigern, die großen Herausforderungen unserer Zeit zu erkennen, empfänglich zu sein für die Sorgen der Menschen in unserem Land und differenzieren zu können, was hiervon für die Politik handlungsrelevant ist und was nicht.

Welche Zeichen der Zeit gibt es heute? Aus meiner Sicht lässt sich hier beispielsweise der von Menschen mitverursachte Klimawandel nennen. So sehr auch Konservative ebenfalls von der Bewahrung der Schöpfung sprechen, so sehr ist doch der Eindruck entstanden, dass die Union es nur bedingt vermochte, sich die enorme gesellschaftliche Relevanz dieses Themas bewusst zu machen und glaubhaft Handlungsfähigkeit zu signalisieren. Dabei zeigte sich hier besonders deutlich, dass christdemokratische Politik in der Lage ist, ihren Standpunkt zu korrigieren. Der für spätestens 2038 anvisierte

Kohleausstieg ist keineswegs eine klassische Position der CDU gewesen, aber der als „Klimakrise" bezeichnete Problemkomplex gehört zu den Zeichen der Zeit, die ein Umdenken erforderlich machten. Die Leitidee der Korrigierbarkeit mahnt also zur Ehrlichkeit: Wo die gesellschaftlichen, ökologischen und politischen Umstände es fordern, müssen wir auch bereit sein einzugestehen, dass „alte" Ideen hierauf nicht immer gute Antworten sind. Korrigierbarkeit als Bereitschaft, sich zu neuen Herausforderungen mit neuen Antworten zu verhalten, bedeutet folglich keineswegs, Grundwerte über Bord zu werfen, sondern diese Grundwerte als einen „mitlaufenden" Ursprung zu verstehen, in dem wir immer fest verwurzelt sind.

Wahrheit und Wahrhaftigkeit

In der aktuellen Debatte um Meinungsfreiheit und politische Korrektheit lohnt es sich, einen Blick in die Verfassung zu werfen: „Jeder hat das Recht, seine Meinung in Wort, Schrift und Bild frei zu äußern [...]" (Artikel 5 Absatz 1 des Grundgesetzes). Dass viele Bürger dieses Recht – laut einer Allensbach-Umfrage aus dem Jahr 2019[75] – nur im privaten Bereich ausüben, ist bedenklich. Denn das Recht, seine Meinung frei zu äußern, ist nicht nur Ausdruck der Freiheit und Würde des Einzelnen. Vielmehr ist die Meinungsfreiheit eine notwendige Bedingung einer funktionierenden demokratischen Ordnung. Sie ermöglicht – so formulierte es das Bundesverfassungsgericht bereits 1958[76] – erst die „ständige geistige Auseinandersetzung, den Kampf um Meinungen, der [das] Lebenselement" der freiheitlich-demokratischen Staatsordnung ist, und bildet in gewisser Weise die „Grundlage jeder Freiheit überhaupt".

Das Ringen um Kompromiss und Einigung ist nicht nur der Motor politischer Entscheidungsfindungen, sondern die Grunddynamik aller gesellschaftlicher Verständigung. Eine falsch verstandene politische Korrektheit schadet unserer demokratischen Kultur, weil sie ihr deren entscheidende Ressource – nämlich die Meinungen und damit den vielfältigen Willen des Volkes – vorenthält. Während sich offenbar die Mehrheit der Menschen in unserem Land starke Beschränkungen im Hinblick auf ihre Meinungsfreiheit im öffentlichen Raum auferlegt, tun sich immer tiefere menschliche Abgründe in der anonymen Hetze des Internets auf. Diesen Zustand können wir als Gesellschaft nicht langfristig wollen.

Es liegt auf der Hand, dass es Grenzen des Sagbaren geben muss. Denn auch das ist notwendige Bedingung einer demokratischen Kultur. Ein erschütterndes Beispiel der Entwürdigung anderer ist der Antisemitismus, der zugleich Symptom einer Verrohung ist, die unsere Gesellschaft als Ganze bedroht. Das Netz hat mit seinen Möglichkeiten der Anonymisierung zu dieser Enthemmung beigetragen. Dass es ein Recht auf Meinungsfreiheit, aber keines auf die Entwürdigung und Herabsetzung anderer Menschen gibt, gilt in der analogen wie der digitalen Welt. Dass der freiheitliche, säkularisierte Staat von Voraussetzungen lebt, die er selbst nicht schaffen kann, zeigt auch, wie notwendig es ist, derartige Voraussetzungen zu kultivieren. Zu ihnen gehört die Überzeugung, dass Menschen eine unverlierbare Würde haben und sie unabhängig von ihrem Geschlecht, ihrer Religion oder ihrer Herkunft fundamental gleich sind. Die Grenzen des Sagbaren sind also immer dort überschritten, wo die Würde des Menschen tangiert wird, wo Menschen herabgesetzt, verächtlich gemacht, buchstäblich entwürdigt werden. Beispiele aus sogenannten sozialen Netzwerken und geschlossenen Facebook-Gruppen für diese Verrohung und Enthemmung sind leider Legion. Man muss sich allein die Kommentare ansehen, die einige in einschlägigen Foren als Reaktion auf den Corona-Test und die zeitweise Quarantäne, in die sich die Bundeskanzlerin begab, von sich gaben: „Ich hoffe Sie verreckt gaaaanz (sic!) langsam“[77], schrieb jemand auf Facebook. Ein Bundestagsabgeordneter der AfD twitterte: „Oder steht sie schon unter Hausarrest?“[78], ein Landtagsabgeordneter derselben Partei kommentierte: „Gut, hinter Gitter (sic!) wäre besser, aber ist ja schon mal ein Anfang.“[79] Die Selbstverständlichkeit, mit der angesichts der möglichen Erkrankung der eigenen Regierungschefin Hass, Verachtung und Entwürdigung offen zum Ausdruck gebracht wurden, ist ein beängstigendes Symptom für die Verschiebung der Grenzen des Sagbaren.

Das Spannungsverhältnis zwischen dem fundamentalen Recht auf Meinungsfreiheit einerseits und ihrer plausiblen Beschränkung andererseits kann allerdings nicht zugunsten selbst auferlegter Sprechverbote aufgelöst werden. Wenn Menschen von dem Gefühl geleitet werden, politische Themen öffentlich nicht mehr oder nur noch mit erheblicher Zurückhaltung ansprechen zu können, werden Diskurse verzerrt oder finden überhaupt nicht mehr statt. Ein solches Diskursvakuum wird durch jene ausgefüllt, die vom Tabubruch leben und behaupten, die Einzigen zu sein, die es noch wagen, vermeintliche Wahrheiten auszusprechen. Politische Korrektheit birgt also die Gefahr, dass wir populistischen Akteuren und Parteien unweigerlich die politische Kampfzone überlassen und ihnen so ein Forum bieten, das unserer Demokratie schadet.

Was das konkret bedeutet, ist unschwer zu erkennen: Wer sich etwa darauf beschränkt, Greta Thunberg aufgrund ihres Alters zu diskreditieren, ohne sachliche Kritik vorzubringen, hat von den Spielregeln eines demokratischen Diskurses wenig verstanden, ebenso wie diejenigen, die jeden Kritiker der *Fridays-for-Future*-Bewegung als einen Apostaten vom einzig wahren Glauben einstufen und ihm den herabsetzenden Begriff des Klimaleugners entgegenschleudern. Wer jeden, der kritische Anfragen in der Debatte um die gleichgeschlechtliche Ehe stellte, als homophob abstempelt, hat dem Diskurs geschadet, wie offensichtlich auch diejenigen, die homosexuelle Menschen aufgrund ihrer Homosexualität attackierten. Wer zu Recht bereit ist, Kirchen massiver Kritik auszusetzen, aber nur mit Empörung und dem Vorwurf der Islamophobie zu reagieren weiß, wenn auf das schwierige Verhältnis einiger Ausprägungen des Islams zur Demokratie hingewiesen wird, hat nicht verstanden, dass die Regeln eines kultivierten Diskurses für alle gleichermaßen gelten.

Was wir brauchen, ist eine offene Debattenkultur, in der vermeintlich politisch Unkorrektes nicht niedergebrüllt, tabuisiert und mit Empörung beantwortet wird. Umgekehrt ist eine solche Debattenkultur darauf angewiesen, dass Menschen einander achten und die Adressaten ihrer Kritik nicht entwürdigen. Echte Wertschätzung drückt sich gerade darin aus, das Aussprechen von Differenzen nicht zu scheuen. Gute Nachbarschaft gibt es nur dort, wo auch Raum für Klarheit ist.

Für Politiker bedeutet dies, dass sie ihr Handeln unter den Anspruch von Wahrheit und Wahrhaftigkeit stellen. Sein politisches Handeln und Sprechen an der Wahrheit auszurichten, mag nach einer trivialen Forderung klingen. Dabei ist es keine Selbstverständlichkeit, dass politische Kommunikation sich daran ausrichtet, was wahr ist; sie ist nämlich zugleich der ständigen Gefahr ausgesetzt, dem Maßstab der Opportunität unterworfen zu werden. Wenn Politik das Gestalten der Wirklichkeit ist, dann wird sie hochgradig dysfunktional, wenn sie die Wirklichkeit, die sie gestalten will, nicht mehr als solche wahrnimmt. Besonders deutlich ist dies, wo Mitglieder des Deutschen Bundstages entgegen gut gesicherter, wissenschaftlicher Erkenntnisse beispielsweise behaupten, der Mensch habe keinerlei Einfluss auf den Klimawandel. Über den politischen Umgang mit dem Klimawandel, der auch die Leistungs- und Wettbewerbsfähigkeit der Industrie im Blick haben muss, mag man sich streiten. Das offensichtliche Problem des menschlichen Einflusses auf das Klima aber durch tatsachenwidrige Behauptungen einfach zu leugnen, belegt doch, dass sich offensichtlich nicht jeder Politiker der Wahrheit verpflichtet fühlt. Wo sich aber Politiker nicht mehr der Wahrheit verpflichtet fühlen, besteht die Gefahr, dass die Trennung zwischen Tatsache und Meinungen durchlässig wird. „Gefühlte Wahrheiten“ dringen in den politischen Diskurs ein und die Selbstverständlichkeit, mit der wir uns in komplexen Sachfragen auf Wissenschaftler und Experten verlassen, geht verloren. Eine solche Entwicklung ist eine Gefahr für jede Demokratie. Denn demokratischen Prozessen liegt immer voraus, dass diejenigen, die sich an ihnen beteiligen, bei aller politischer Differenz doch zumindest einen gemeinsamen Verständigungshorizont haben – nämlich die Anerkennung und Geltung von Wahrheit.

Wahrheit und Wahrhaftigkeit liegen nah beieinander. Im Griechischen etwa wird beides mit dem gleichen Begriff der *aletheia* (zugleich der Name der Göttin der

Wahrheit) bezeichnet. Das Lateinische hingegen bringt die Unterschiedlichkeit mit *veritas* (Wahrheit) und *veracitas* (Wahrhaftigkeit) zum Ausdruck. Das Verhältnis, das wir zur Wahrheit einnehmen, bezeichne ich als Wahrhaftigkeit. Mit Wahrhaftigkeit ist die Haltung gemeint, die wir als Politiker und Menschen gegenüber der Wahrheit einnehmen sollten. Albert Schweitzer bringt es wie folgt auf den Punkt:

> *„Tatsächlich aber ist es die Ehrfurcht, die wir unserem eigenen Dasein entgegenzubringen haben, die uns anhält, uns immer selber treu zu bleiben, indem wir auf jede Verstellung, von der wir in dieser oder jener Lage Gebrauch gemacht hätten, verzichten und im Kampfe, durchaus wahrhaftig zu bleiben, nicht erlahmen.“*[80]

Wer die Haltung der Wahrhaftigkeit einnimmt, kann dennoch unbeabsichtigt dem Irrtum unterliegen. Wahrhaftigkeit bedeutet auch nicht, immer die Wahrheit in Gänze preisgeben zu müssen. Sie bedeutet vielmehr, im Sprechen und Handeln sich selbst treu zu bleiben und aus Achtung sich selbst und seinen Mitmenschen gegenüber davon abzusehen, bewusst Unwahres zu sagen. Von Politikern ist diese Haltung in besonderer Weise gefordert, weil sie Vertrauen herstellt und sichert. Wo Menschen sich nicht mehr auf die Wahrhaftigkeit derer verlassen können, von denen sie regiert werden, erodiert das Vertrauen in unsere Demokratie.

Die mit Wahrhaftigkeit bezeichnete Haltung hat dabei eine starke Verwurzelung in der jüdisch-christlichen Tradition. Das achte Gebot des Dekalogs ist zweifellos eine der prominentesten Stellen. So heißt es im Buch Exodus 20,16: „Du sollst nicht als falscher Zeuge gegen deinen Nächsten auftreten.“ Diese Mahnung dürfte ursprünglich als Verbot, vor Gericht falsch gegen einen anderen auszusagen, gemeint gewesen sein. Dabei geht es also nicht nur um das Verhältnis, das der Einzelne zur Wahrheit einnimmt, sondern vor allem um den Schaden, den er damit bei seinem Nächsten durch eine Falschaussage verursacht. Noch etwas umfassender wird das Gebot im Buch Deuteronomium formuliert. Die deutsche Übersetzung lautet dort zwar genauso wie auch in Exodus 20,16. Aber das nur dort auftauchende hebräische Wort *schawe* bezeichnet nicht nur die Lüge, sondern auch Nichtiges und Falschheit. Es begegnet uns auch im zweiten Gebot des Dekalogs, den Namen Gottes nicht zum Nichtigen oder zur Falschheit zu missbrauchen.[81] In Exodus 23,1 findet sich ebenfalls ein Plädoyer für Wahrhaftigkeit, das weit über das Verbot der Lüge vor Gericht hinausgeht:

> *„Du sollst keine falschen Aussagen machen. Du sollst dem, der im Unrecht ist, nicht die Hand bieten, indem du falsches Zeugnis ablegst."*

Das Alte Testament bringt vielfach zur Sprache, dass ein gelingendes Zusammenleben darauf angewiesen ist, dass Menschen einander mit der Haltung der Wahrhaftigkeit begegnen. Die Bedeutung der Wahrhaftigkeit wird auch in den Texten des Neuen Testaments mehrfach betont. In der Bergpredigt (Evangelium nach Matthäus 5–7), die das ethische Herzstück des Evangeliums darlegt und wohl zu den bekanntesten Texten der christlichen Überlieferung gehört, mahnt Jesus:

> *„Ferner habt ihr gehört, dass zu den Alten gesagt worden ist: Du sollst keinen Meineid schwören, sondern du sollst dem Herrn deine Schwüre halten. Ich aber sage euch: Ihr sollt überhaupt nicht schwören, weder beim Himmel, denn er ist der Thron Gottes, noch bei der Erde, denn sie ist der Schemel seiner Füße, noch bei Jerusalem, denn sie*

ist die Stadt des großen Königs. Auch bei deinem Haupt sollst du nicht schwören; denn du vermagst nicht, ein einziges Haar weiß oder schwarz zu machen. So sei euer Wort: Euer Ja sei ein Ja, euer Nein ein Nein. Was darüber hinausgeht, ist vom Bösen." (Evangelium nach Matthäus 5,33–37)

Dieser Passus lässt sich so verstehen, dass Christen in ihrem alltäglichen Reden und Handeln gemahnt sind, der Wahrheit so treu zu bleiben, dass es nicht eigens der Schwüre und Eide bedarf, um eine Aussage als wahr und verlässlich auszuweisen. Wo sich andere auf mein Wort verlassen können – und umgekehrt –, werden Beziehungen auf Vertrauen und Stabilität gebaut.

Wahrhaftig zu sein, bedeutet allerdings auch, unangenehme Wahrheiten auszusprechen, wenn es nötig ist. Besonders deutlich ist dies im Politischen für den Umgang mit dem Links- und Rechtspopulismus. Inzwischen sind Rechtspopulisten längst keine Randerscheinung mehr, sondern sitzen buchstäblich im Herz unserer Demokratie, nämlich allen deutschen Landtagen und dem Bundestag. Wenn etwa Landtagsabgeordnete das Denkmal für die ermordeten Juden Europas als ein „Denkmal der Schande"[82] bezeichnen, die vermeintliche „nach 1945 begonnene Umerziehung"[83] beklagen, einen Verlust einer vermeintlich deutschen Identität durch den „Import fremder Völkerschaften"[84] diagnostizieren und das deutsche Volk durch „Masseneinwanderung erstmals in seiner Existenz tatsächlich elementar bedroht"[85] sehen, dann müssen wir als Demokraten und als Menschen wahrhaftig sein und sagen: Das ist die Sprache und Logik des Hasses, der Fremdenfeindlichkeit, des Rassismus. Wo politische Akteure durch gezielte Tabubrüche versuchen, eine solche Rhetorik salonfähig zu machen, untergraben sie die Wahrheit, dass alle Menschen gleich an Würde sind. Wir müssen in aller Deutlichkeit und Wahrhaftigkeit benennen, wo die Grenzen des Sagbaren verlaufen – nämlich bei der Entwürdigung anderer Menschen. Diejenigen, die am lautesten über eine vermeintliche politische Korrektheit klagen, sind zugleich oft diejenigen, die sie am stärksten in Anspruch nehmen, wenn man ihre Sprache des Hasses als solche entlarvt. Gegenüber Weltanschauungen, die den Kern unseres Wertegefüges frontal angreifen, dürfen wir niemals aus falscher Rücksichtnahme politisch korrekt sein. Das wahrhaft korrekte Verhalten gegenüber denjenigen, die Hass in unsere Gesellschaft und unsere Parlamente tragen, ist es, politisch unkorrekt zu sein und nicht aus falscher Rücksichtnahme tolerant gegenüber der Intoleranz zu sein.

Kapitel 4: Das Christliche Menschenbild in der Politik

Religionsfreiheit

Was ist Religionsfreiheit?

Die Entwicklung der letzten Jahre, dass das Recht auf Religionsfreiheit wieder verstärkt Beachtung findet – etwa durch entsprechende Beauftragte auf Bundes- und EU-Ebene – ist ambivalent. Einerseits ist es erfreulich, dass die Politik dieses Thema zunehmend ernst nimmt und Berührungsängste gegenüber dem Thema Religion überwindet. Andererseits weist die verstärkte öffentliche und politische Auseinandersetzung mit dem Recht auf Religionsfreiheit zugleich darauf hin, dass weltweit erhebliche Defizite bestehen und die Gesamtlage sich weiter verschlechtert. Das *Pew Research Center* etwa, das den weltweiten Stand der Religionsfreiheit seit 2007 in jährlichen Berichten zusammenträgt, dokumentierte kürzlich, dass sich in den letzten Jahren das Ausmaß an staatlichen Beschränkungen der Religionsfreiheit verschlimmert habe. In 52 Staaten – darunter China, Indonesien und Russland – bestehen hohe oder sehr hohe Einschränkungen für Religionsgemeinschaften.[86] Darunter fallen konkrete Gesetze und Erlasse – etwa gezielte Verwaltungsauflagen gegenüber einzelnen Religionsgemeinschaften –, aber auch die politische Bevorzugung einzelner Religionsgemeinschaften gegenüber anderen. Zugleich hat das *Pew Research Center* auch dokumentiert, dass interreligiöse Spannungen in den letzten Jahren abgenommen haben. Dies zeigt, dass eine Förderung des interreligiösen Dialogs und das Einbinden von Religionsgemeinschaften und ihren Vertretern in die internationale Friedensarbeit und den Einsatz für Menschenrechte eine gewinnbringende Strategie ist.

Religionsfreiheit ist ein Menschenrecht. Doch was ist damit eigentlich gemeint? Nachdem das Recht auf Religionsfreiheit eine Reihe von Aspekten umfasst, lohnt es sich, die einschlägigen Passagen aus der Allgemeinen Erklärung der Menschenrechte und dem Internationalen Pakt über bürgerliche und politische Rechte (Zivilpakt) genauer in den Blick zu nehmen:

> *„Jeder hat das Recht auf Gedanken-, Gewissens- und Religionsfreiheit; dieses Recht schließt die Freiheit ein, seine Religion oder Überzeugung zu wechseln, sowie die Freiheit, seine Religion oder Weltanschauung allein oder in Gemeinschaft mit anderen, öffentlich oder privat durch Lehre, Ausübung, Gottesdienst und Kulthandlungen zu bekennen." (Artikel 18 der Allgemeinen Erklärung der Menschenrechte)*[87]

Die Allgemeine Erklärung der Menschenrechte ist in erster Linie von symbolischer Bedeutung und keine Rechtsquelle des Völkerrechts im engeren Sinne. Verstöße gegen sie sind daher nicht justiziabel. Vor diesem Hintergrund ist der Internationale Pakt über bürgerliche und politische Rechte (im Englischen als ICCPR abgekürzt) von erheblicher Bedeutung, da er als völkerrechtlicher Vertrag die in ihm enthaltenen Menschenrechte – sofern durch den jeweiligen Mitgliedstaat ratifiziert – auch rechtsverbindlich garantiert. Im Hinblick auf die Religionsfreiheit normiert der Zivilpakt Folgendes:

(1) „Jedermann hat das Recht auf Gedanken-, Gewissens- und Religionsfreiheit. Dieses Recht umfasst die Freiheit, eine Religion oder eine Weltanschauung eigener Wahl zu haben oder anzunehmen, und die Freiheit, seine Religion oder Weltanschauung allein oder in Gemeinschaft mit anderen, öffentlich oder privat durch Gottesdienst, Beachtung religiöser Bräuche, Ausübung und Unterricht zu bekunden.

(2) Niemand darf einem Zwang ausgesetzt werden, der seine Freiheit, eine Religion oder eine Weltanschauung seiner Wahl zu haben oder anzunehmen, beeinträchtigen würde.

(3) Die Freiheit, seine Religion oder Weltanschauung zu bekunden, darf nur den gesetzlich vorgesehenen Einschränkungen unterworfen werden, die zum Schutz der öffentlichen Sicherheit, Ordnung, Gesundheit, Sittlichkeit oder der Grundrechte und -freiheiten anderer erforderlich sind.

(4) Die Vertragsstaaten verpflichten sich, die Freiheit der Eltern und gegebenenfalls des Vormunds oder Pflegers zu achten, die religiöse und sittliche Erziehung ihrer Kinder in Übereinstimmung mit ihren eigenen Überzeugungen sicherzustellen.“ (Zivilpakt, Artikel 18)[88]

Zu den entscheidenden und in zahlreichen Staaten missachteten Aspekten der Religionsfreiheit gehört es auch, für den eigenen Glauben zu werben und ihn zu wechseln. Dieser Punkt ist deswegen entscheidend, weil der Begriff *change* im Unterschied zur Allgemeinen Erklärung der Menschenrechte in Artikel 18 des Zivilpaktes nicht auftaucht. Stattdessen ist davon die Rede, dass jeder das Recht hat, eine *„Religion oder Weltanschauung eigener Wahl“* zu haben oder anzunehmen (*„to have or to adopt* *a religion or belief of his choice*"). Dem Missverständnis, dass der völkerrechtlich bindende Zivilpakt an dieser Stelle das Recht des Glaubenswechsels in irgendeiner Weise abgeschwächt habe, hat der zuständige Ausschuss der UN mit unmissverständlicher Deutlichkeit widersprochen.[89] Artikel 18 des Zivilpaktes schließt also sehr wohl auch das Recht ein, die angestammte Religion durch eine andere zu „ersetzen" („*to replace*").

Religionsfreiheit – ein besonderes Menschenrecht?

Menschenrechte sollten nicht gegeneinander ausgespielt werden. Vielmehr müssen wir stets beachten, dass Menschenrechte – wie wir bereits gesehen hatten – interdependent, also voneinander abhängig und aufeinander verwiesen sind. Hinzu kommt, dass Diskriminierung sich meist nicht auf die Religionsausübung beschränkt, sondern sich auf eine Vielzahl von Lebensbereichen bezieht: Wo religiöse Minderheiten in ihrer Religionsfreiheit beschränkt werden, dort ist oft auch der Zugang zu Bildung und Arbeit oder politischer Partizipation für Mitglieder bestimmter Religionsgemeinschaften beschränkt. Die Religionsfreiheit kann als Indikator dienen für das Maß an Freiheit in einem politischen Gemeinwesen. Für Georg Jellinek ist die Religionsfreiheit geradezu die Urform des Persönlichkeitsrechtes:

> *„Die Idee, unveräußerliche, angeborene, geheiligte Rechte des Individuums gesetzlich festzustellen, ist nicht politischen, sondern religiösen Ursprungs."*[90]

Man muss selbst nicht „religiös musikalisch" sein, um anzuerkennen, dass der Einsatz für Religionsfreiheit von großer Bedeutung ist. Wo es um Religionsfreiheit geht, geht es nie nur um Religionsfreiheit, sondern um Menschenrechte in Gänze. Jeder Einsatz für Menschenrechte muss insbesondere auch das Recht auf Religionsfreiheit im Blick haben. Das gilt auch umgekehrt: Jeder Einsatz für Religionsfreiheit muss deren Einbettung in ein weiteres Gefüge von Menschenrechten mitdenken.

Auch wenn wir Menschenrechte nicht übereinander priorisieren können in dem Sinne, dass das eine Menschenrecht grundsätzlich wichtiger als ein anderes ist, so berührt das Menschenrecht der Religionsfreiheit doch in einer ganz elementaren Weise den Kernbereich der menschlichen Person. Für viele Menschen ist Religion eine Ressource, die ihr Leben umfassend mit Sinn füllt, für ihre Identität ausschlaggebend ist, ihnen Hoffnung, Sinnperspektiven und Trost gibt. Wer Menschen in diesem Bereich die Freiheit versagt, der spricht ihnen das Menschsein ab. Dass die Religionsfreiheit innerhalb des Kanons der Menschenrechte sehr wohl einen besonderen Status hat, lässt sich daran ablesen, dass das Völkerrecht selbst im Falle eines öffentlichen Notstandes eine Aufhebung der Religionsfreiheit nicht zulässt, während dies sehr wohl im Hinblick auf das Recht auf Meinungsfreiheit möglich ist (Art. 4 ICCPR). Entscheidend ist in Bezug auf die Religionsfreiheit, dass es sich dabei um ein individuelles Recht handelt. Es geht also stets darum, dass das Recht des Einzelnen, seine Religion zu wählen, zu wechseln oder auch abzulegen, geschützt wird und nicht etwa die Religion als solche um ihrer selbst willen. Eine derartige Argumentationslinie, die die Religion über die Freiheit des Einzelnen stellt, hatten Pakistan und die damalige Organisation der Islamischen Konferenz (OIC) bis 2011 vorgetragen, um den Islam vor vermeintlicher Diffamierung, Blasphemie und Diskriminierung in westlichen Gesellschaften zu schützen.[91]

Wie verhalten sich allerdings das Christliche Menschenbild und das Recht auf Religionsfreiheit zueinander?

Ergibt sich aus dem Wahrheitsanspruch des Christentums nicht eine gewisse Spannung oder gar Ablehnung gegenüber dem Recht auf Religionsfreiheit?

Religionsfreiheit – Ausdruck des Christlichen Menschenbildes

Eine der größten Zäsuren im Hinblick auf die katholische Haltung zur Religionsfreiheit stellt zweifellos die Erklärung über die Religionsfreiheit *Dignitatis humanae* (1965) des Zweiten Vatikanischen Konzils dar. Ihr ging die Enzyklika *Pacem in terris* (1963) von Johannes XXIII. voraus, in der das Recht auf freie Religionsausübung als Naturrecht und insofern auch Gottesrecht anerkannt wird. Dass dies keineswegs selbstverständlich ist, zeigt ein Zitat von Gregor XVI. aus der Enzyklika *Mirari vos* (1832), demzufolge die jedem Menschen zugesprochene Freiheit des Gewissens ein Wahn aus der Quelle des Indifferentismus sei. Papst Pius IX. hatte 1864 in der Enzyklika *Quanta cura* die Religionsfreiheit ebenfalls abgelehnt und sie aufgenommen in das der Enzyklika beigefügte Verzeichnis vermeintlicher Irrtümer, dem sogenannten *Syllabus errorum*. Demgegenüber erklärte das Zweite Vatikanische Konzil,

> *„dass die menschliche Person das Recht auf religiöse Freiheit hat. Diese Freiheit besteht darin, dass alle Menschen frei sein müssen von jedem Zwang sowohl von Seiten einzelner gesellschaftlicher Gruppen, wie jeglicher menschlicher Gewalt, so dass in religiösen Dingen niemand gezwungen wird, gegen sein Gewissen zu handeln, noch daran gehindert wird, privat und öffentlich, als einzelner oder in Verbindung mit anderen [...] nach seinem Gewissen zu handeln." (Dignitatis humanae 2)*

Darüber hinaus erkennt dieses Dokument auch an, dass in anderen Religionen „*Spuren der Wahrheit*" zu finden seien.

Für die Evangelische Kirche in Deutschland lässt sich exemplarisch das Dokument *Christlicher Glaube und religiöse Vielfalt in evangelischer Perspektive* aus dem Jahr 2015 anführen, das betont, dass „*Glaubensgewissheit und Freiheit des Glaubens zusammengehören*"[92]. Dabei geht es um mehr als nur Toleranz gegenüber Andersglaubenden, sondern um Wertschätzung von Vielfalt:

> *„Ein positives Verständnis religiöser Vielfalt wird gerade dadurch ermöglicht, dass wir leidenschaftlich für unsere eigene Glaubensüberzeugung einstehen und die damit verbundene innere Freiheit spüren, anstatt unsere Identität aus der Abgrenzung zu gewinnen. Die Gewissheit im Glauben an Christus schließt auch das Bewusstsein dafür ein, dass Gottes Möglichkeiten, sich den Menschen bekannt zu machen, keine Grenzen haben. Damit ist der Weg gewiesen von einer bloßen Duldung anderer Glaubensüberzeugungen zu einer von Wertschätzung geprägten Toleranz." (Christlicher Glaube und religiöse Vielfalt in evangelischer Perspektive, Geleitwort)*

Die Freiheit des Einzelnen ist eines der zentralen Themen in der Theologie Martin Luthers, der diese in der Unmittelbarkeit der Beziehung des Einzelnen zu Gott verankert sieht. Das Zentrum des Glaubens liegt bei Luther nicht in dem, was durch kirchliche – oder staatliche – Autorität vorgegeben wird, sondern im Einzelnen selbst. Ob Luther den Satz „*Hier stehe ich, ich kann nicht anders. Gott helfe mir, amen*" auf dem Reichstag zu Worms 1521 tatsächlich so gesprochen hat, ist ungewiss. Dass sich darin allerdings ein zentraler Aspekt der Theologie Martin Luthers ausdrückt, ist unzweifelhaft: Die Freiheit des Christen verweist auf die Mündigkeit des Einzelnen – auch und gerade in Glaubensentscheidungen.

Auch wenn die Religionsfreiheit erst spät durch die Kirchen akzeptiert und ausdrücklich befürwortet wurde, so lässt sich doch sagen, dass sie tief im Menschenbild der jüdisch-christlichen Tradition verankert ist und aus ihr heraus mitbegründet werden kann. Als Ebenbild Gottes ist der Mensch befähigt, auf den Ruf Gottes in Freiheit zu antworten. Diese Freiheit umfasst das Recht und die Fähigkeit des Menschen, nach Gott zu suchen und sich für, aber auch gegen eine oder jede Religionsgemeinschaft zu entscheiden. Gott wirbt, indem er sich bis ans Kreuz solidarisiert, aber er zwingt nicht. Christlich betrachtet, bedeutet Glauben nicht einfach ein „Für-wahr-Halten", sondern „Vertrauen auf". Weil Vertrauen niemals erzwungen werden, sondern nur aus einer Beziehung erwachsen kann, kann es auch Glauben nur dort geben, wo es Freiheit gibt. Die Anerkennung der Religionsfreiheit gewährleistet somit überhaupt erst die Möglichkeit, dass jemand – im christlichen Sinne – zum Glauben kommen kann. Der Mensch ist als Person auf die Suche nach Wahrheit ausgerichtet, sie ist jedem Menschen aufgegeben. Die Anerkennung der Religionsfreiheit gewährleistet, dass der Mensch bei dieser Suche nicht gehindert wird. Die christliche Offenbarung setzt die Freiheit des Menschen, sich für oder gegen sie zu entscheiden, voraus und anerkennt sie insofern als Voraussetzung für die Annahme des Glaubens. Kein Glaube ohne Religionsfreiheit.

Gerade vor dem Hintergrund der Ebenbildlichkeit und der darin gründenden Freiheit des Einzelnen muss der Einsatz für Religionsfreiheit eine Sonderrolle sowohl im Selbstbild als auch im politischen Handeln einer Partei haben, die sich auf das „C" beruft.

Als Reaktion auf die weltweite Infragestellung der Religionsfreiheit haben sich verschiedene Lösungsansätze entwickelt. Dezidiert säkulare Initiativen haben vor dem Hintergrund, dass die Beschränkungen der Religionsfreiheit immer auch andere Menschenrechtsverletzungen mit sich bringen, ihren Fokus auf diese anderen Menschenrechte gelegt. Das Motto dieses Zugangs lässt sich zugespitzt so formulieren: Wo Menschen aufgrund ihrer Religion diskriminiert werden, geht es eigentlich um andere Menschenrechte, etwa Meinungsfreiheit oder Geschlechtergerechtigkeit.

Eine weitere Reaktion auf die Diskriminierung von Angehörigen bestimmter Religionen setzt hingegen so an, bestimmte Opfergruppen exklusiv in den Fokus zu nehmen. Dies ist beispielsweise dort der Fall, wo so getan wird, als ginge es in der Frage der Religionsfreiheit ausschließlich um die Religionsfreiheit von Christen, und zwar nicht nur um christliche Minderheiten etwa im Nahen Osten, sondern auch in christlichen Mehrheitsgesellschaften. In den Vereinigten Staaten wurde hier teilweise die Perspektive eingenommen, dass das Eintreten für die Rechte von Homosexuellen zugleich eine Abwertung bestimmter Vorstellungen eines normativen Christentums bedeute. Wollte man diesen Zugang in ein Motto fassen, könnte man sagen: Das Kernthema der Religionsfreiheit heute ist die Verfolgung von Christen und die Verdrängung vermeintlich christlicher Positionen.

In ähnlicher Weise haben andere, etwa die bereits erwähnte OIC (*Organization of Islamic Cooperation*), ihren Fokus dezidiert auf den Islam und die angebliche Islamophobie vorwiegend in westlichen Ländern gelegt. Das größte Problem im Hinblick auf Religionsfreiheit sei die Diskriminierung von Muslimen, etwa durch vorgebliche Blasphemie und *hate speech* gegenüber dem Islam.

Es steht außer Zweifel, dass die beiden oben genannten Gruppen – Christen und Muslime – in zahlreichen Ländern häufig Opfer von Diskriminierung, Verfolgung und Gewalt werden. Angesichts der erschütternden Attentate von Sri Lanka am Ostersonntag 2019 und Christchurch im März 2019 ist nicht von der Hand zu weisen, dass Christenfeindlichkeit und Islamophobie eine zerstörerische Realität sind. Wir dürfen allerdings nicht den Fehler machen, unseren Einsatz für das Menschenrecht der Religionsfreiheit zu partikularisieren oder gar zu polarisieren. Zwar ist es nicht nur legitim, sondern oft auch notwendig, bestimmte Religionsgemeinschaften in besonderer Weise in den Blick zu nehmen. Zugleich sollte ein solcher Ansatz immer auch eingebettet sein in einen breiter aufgestellten Einsatz für andere Religionsgemeinschaften. Wenn wir uns beispielsweise die dramatische Situation der Christen, insbesondere der christlichen Konvertiten im Iran ansehen, dann ist es gut und wichtig, im Blick zu haben, dass auch andere, insbesondere die Bahai, dort immer wieder Opfer massiver staatlicher Repressionen werden. Zum einen fördert eine solche Perspektive Toleranz, Koexistenz und das friedliche Miteinander der Religionen. Zum anderen ist es pragmatisch sinnvoll, geteilte Anliegen mit einer gemeinsamen Stimme anzusprechen, weil sich so oft mehr erreichen lässt. Der Einsatz für Religionsfreiheit muss zugleich im Blick haben, dass dort, wo die Religionsfreiheit gefährdet ist, ebenso andere Menschenrechte missachtet werden. Menschenrechte sind universell – sie kommen also jedem, unabhängig von seiner religiösen Zugehörigkeit, zu. Das Menschenrecht der Religionsfreiheit ist zudem ein individuelles Recht – das bedeutet auch, dass die Religion als solche nicht schützenswerter ist als das Recht des Einzelnen. Schließlich sind Menschenrechte unteilbar – das heißt, dass auch andere Rechte Berücksichtigung finden müssen im Einsatz für Religionsfreiheit, etwa die Versammlungs- oder Meinungsfreiheit.

Doch der Einsatz für Religionsfreiheit ist nie nur abstrakt. Er geht immer von konkreten Situationen der Verfolgung und Diskriminierung aus. Christen bilden global betrachtet derzeit die am meisten bedrängte und verfolgte Religionsgemeinschaft. Hinzu kommt, dass wir als Christen auch eine besondere Verantwortung gegenüber unseren Mitchristen haben. Das drückt sich in der kirchlichen Praxis beispielsweise darin aus, dass in der katholischen Kirche am Stephanustag (26. Dezember) und in der evangelischen Kirche am zweiten Sonntag der Passionszeit (Reminiscere) die gesprochenen Fürbitten in besonderer Weise verfolgte und bedrängte Christen in den Fokus nehmen. Es ist aus meiner Sicht kein Widerspruch, sich für Religionsfreiheit einzusetzen und vor allem die Religionsfreiheit von Christen weltweit im Blick zu haben. Vielmehr ist ein solcher Ansatz inklusiv und perspektivisch offen für alle Menschen, die aufgrund ihrer Religion Opfer von Verfolgung und Diskriminierung werden.

Doch wie gestaltet sich der Einsatz für Religionsfreiheit konkret? Was können Regierung und Abgeordnete im Hinblick auf die Religionsfreiheit bewirken? Wie steht es um die Religionsfreiheit der Christen weltweit?

Bedrängt und verfolgt – Einsatz für Christen weltweit

Seit einigen Jahren ist ein bedenklicher Trend zu beobachten: Neben islamischen und islamisch geprägten Staaten, die die Religionsfreiheit und mit ihr die Rechte religiöser Minderheiten beschränken, ist auch der mancherorts aufkeimende Nationalismus, oft in Kombination mit einer bestimmten Religion, zunehmend eine Bedrohung für die Religionsfreiheit von Christen und anderen religiösen Minderheiten geworden. Die Liste der Länder, in denen Christen aufgrund ihres Christseins diskriminiert und verfolgt werden, ist erschreckend lang. Besonders schwierig ist die Lage der Christen und anderer Religionsgemeinschaften in jenen Staaten, in denen der Islam entweder Staats- oder Mehrheitsreligion ist. Dies gilt exemplarisch etwa für Pakistan, den Iran und Saudi-Arabien. Indonesien war lange ein Gegenbeispiel für diesen Zusammenhang. Das größte muslimische Land der Welt, in dem sich etwa 230 Millionen Einwohner zum Islam bekennen, ist seit 1998 eine Demokratie, deren Verfassung die Religionsfreiheit garantiert und dessen Ministerium für religiöse Angelegenheiten neben dem Islam fünf Religionsgemeinschaften – darunter Katholizismus und Protestantismus – offiziell anerkennt. Indonesien zeichnet sich eigentlich durch einen zwar traditionellen, aber moderaten sunnitischen Islam aus. Die Verfassung Indonesiens gründet auf den fünf sogenannten Pancasila-Prinzipien: Glaube an Gott, Humanismus, nationale Einheit, Demokratie und soziale Gerechtigkeit. Diese Prinzipien waren lange Garant des friedlichen religiösen Pluralismus im Land. Doch durch einen zunehmenden Einfluss eines wahhabitisch geprägten Islams in Indonesien wird diese friedliche Koexistenz zunehmend gefährdet. Es kommt vermehrt zu Übergriffen auf

Christen und andere religiöse Minderheiten und islamistische Gruppierungen forderten in Demonstrationen die Abschaffung der Pancasila und die landesweite Einführung der Scharia.[93] Die internationale Gemeinschaft kann dazu beitragen, diesen Trend zu bremsen, etwa indem man die Regierung dazu anhält, sich um die Abschaffung von Gesetzen zu bemühen, die gegen die Religionsfreiheit verstoßen. Darüber hinaus kann die Unterstützung von zivilgesellschaftlichen Initiativen und Deradikalisierungsprogrammen sowie eine Sensibilisierung für interreligiöse Konflikte und *hate speech* in der sicherheitspolitischen Zusammenarbeit ein Beitrag zur Verbesserung der Situation sein.

Ein weiteres Beispiel für ein Land, das eine verfassungsrechtliche und kulturelle Tradition der Vielfalt und der Toleranz hat, die nun zunehmend gefährdet wird, ist Indien. In der bevölkerungsreichsten Demokratie der Welt gewinnt eine Ideologie an Zuspruch, die den säkularen und pluralistischen Charakter Indiens zunehmend durch eine Nationalisierung der Religion gefährdet. Die Verknüpfung von Religion und nationaler Identität führt sich zurück auf die sogenannte Hindutva-Ideologie, die in den 1920er-Jahren entstand und eine Einheit von Nation, Kultur und Religion propagierte. Die Bharatiya Janata Party (Partei des indischen Volkes, BJP), die nicht nur seit 2014 den amtierenden Premierminister stellt, sondern auch in zahlreichen Bundesstaaten Indiens regiert, vertritt Elemente dieser Ideologie. Im August 2008 kam es im indischen Bundesstaat Orissa (heute Odisha) zu massiven Ausschreitungen gegen Christen, durch die etwa 120 Menschen getötet, Hunderte Häuser völlig zerstört und 50.000 Menschen vertrieben wurden. Bis heute stehen zugesagte Entschädigungen an die Opfer und eine angemessene Strafverfolgung weitgehend aus.

Etwa 42 Prozent der Christen in Indien sind Dalits und gelten innerhalb des Katensystems als unberührbar. Sie erleben durch ihre Hinwendung zum Christentum eine Anerkennung ihrer Würde als Person, die ihnen das Kastensystem versagt. Offiziell ist das Kastenwesen in Indien abgeschafft. Die soziale Realität ist leider eine andere: Dalits sind auch heute noch oftmals Opfer von Missachtung und Misshandlungen, vor allem in ländlichen Regionen. Durch ihre Konversion zum Christentum verlieren Dalits ihren Anspruch auf die staatlichen Fördermittel und -programme, etwa Quoten bei der Besetzung von Stellen im öffentlichen Dienst oder im Bildungswesen. Christliche Dalits verlieren also doppelt.

Auch an anderer Stelle werden Christen strukturell benachteiligt. Mehrere indische Bundesstaaten haben Anti-Konversionsgesetze eingeführt, die es Menschen erschweren, sich für den christlichen Glauben zu entscheiden. So bedarf es für einen Religionswechsel zum Christentum teilweise einer entsprechenden Genehmigung durch die staatlichen Behörden. Je nach Bundesstaat verbieten Anti-Konversionsgesetze den Versuch, jemanden durch „betrügerische Anreize" oder Zwang zu einer Konversion zu bewegen. Zwang liegt nach Auffassung mancher bereits dann vor, wenn mit „göttlichem Missfallen" gedroht wird. Erfreulicherweise hat es bislang nur wenige Verurteilungen aufgrund von Verstößen gegen Anti-Konversionsgesetze gegeben. Zugleich ist auch klar: Derartige Gesetze schaffen bereits durch ihre Existenz ein Klima der Ausgrenzung, des Misstrauens und der Angst, insbesondere auch deswegen, weil Rückkonversionen zum Hinduismus zumindest in manchen Bundesstaaten von Anti-Konversionsgesetzen ausgenommen sind. Die Einführung eines landesweiten Anti-Konversionsgesetzes, wie sie von manchen wiederholt gefordert und propagiert wird, wäre fatal für die religiösen Minderheiten und die von religiöser Vielfalt geprägte Tradition und Identität Indiens. Dabei sind Christen nicht die einzigen, die wiederholt dem religionspolitischen Klima in Indien zum Opfer fielen. Insbesondere die große muslimische Gemeinschaft in Indien, die etwa 13 Prozent und damit die zweitgrößte muslimische Bevölkerung innerhalb eines Staates weltweit bildet, ist wiederholt Opfer von gewaltsamen Ausschreitungen, aber auch struktureller Gewalt geworden. Nachdem im Februar 2002 im Bundesstaat Gujarat 58 hinduistische Pilger durch einen Brand in einem Zug starben, kam es zu massiven Ausschreitungen gegen die muslimische Bevölkerung, der man den Brand anlastete. Als Untersuchungen im Jahr 2005 ergaben, dass das Feuer wahrscheinlich ein Unfall war, war es längst zu spät: 1000 bis 2000 Personen wurden im Zuge der Ausschreitungen ermordet, laut einem internationalen Expertinnenkomitee wurden etwa 250 Frauen und Mädchen vergewaltigt. Der damals verantwortliche Chief Minister des Bundesstaats Gujarat und heutige Premierminister Indiens, Narendra Modi, wurde 2012 von dem Vorwurf der Mitschuld an den Massakern freigesprochen.

Als eine Form struktureller Diskriminierung von Muslimen wird der sogenannte *Citizen (Amendment) Act* vom Dezember 2019 gesehen. Einwanderern aus Pakistan, Bangladesch und Afghanistan wurde durch dieses Gesetz die Möglichkeit eröffnet, die indische Staatsbürgerschaft zu erhalten, vorausgesetzt sie bekannten sich als Hindus, Sikh, Jainisten, Parsen oder Christen. Muslime waren von dieser Option dezidiert ausgenommen. Der Hohe Kommissar der Vereinten Nationen für Menschenrechte bezeichnete dieses Gesetz als diskriminierend.[94] Als Reaktion auf die Verabschiedung des Gesetzes kam es zu landesweiten Protesten, an denen sich vor allem Studenten verschiedener religiöser Bekenntnisse beteiligten – darunter auch katholische Studentenvereinigungen. Das Beispiel Indien zeigt: Wo Religionsfreiheit unzulässig beschränkt wird und Angehörige von Religionsgemeinschaften Opfer von Diskriminierung werden, trifft es nie nur eine Gruppe. Wenn Religionsfreiheit angegriffen wird, werden auch weitere Menschenrechte verletzt.

In den vielen Jahren meiner politischen Tätigkeit konnte ich zahlreiche Länder besuchen, in denen Christen starker Bedrängnis ausgesetzt waren und sind. Immer wieder sagte man mir: „Vergesst uns nicht!" Zuallererst sollten wir das Leid der Betroffenen immer wieder in die Öffentlichkeit tragen. Öffentliche Bekanntheit signalisiert den Opfern, dass wir ihrem Leid gegenüber nicht gleichgültig sind. Denjenigen Staaten, die christliche Minderheiten in ihrem Land unterdrücken, diskriminieren oder gar verfolgen, signalisieren wir, dass wir ihr Handeln kritisch beobachten. Die Sorge, vor der Weltöffentlichkeit bloßgestellt zu werden als ein Staat, der Menschenrechte missachtet, kann ein Anreiz für Verbesserungen sein. Und schließlich ist öffentliche Bekanntheit überhaupt die Bedingung für den politischen und zivilgesellschaftlichen Einsatz für Religionsfreiheit. In diesem Sinne leihen wir den Opfern, die sich selbst oft kein Gehör in der Weltöffentlichkeit verschaffen können, unsere Stimme. Doch das öffentliche Thematisieren von Missachtungen der Religionsfreiheit ist nicht alles. Der Deutsche Bundestag kann beispielsweise Entschließungen fassen und die Bundesregierung auffordern, bestimmte Dinge zu tun, so etwa in einem Beschluss aus dem Oktober 2018. Der von den Koalitionsfraktionen eingebrachte Antrag betont beispielsweise:

„Das Menschenrecht [der Religionsfreiheit] schützt nicht die Religion als solche, sondern das Individuum – den einzelnen Menschen in seiner Glaubensfreiheit."[95]

Damit ist ein entscheidender Punkt für das Verständnis der Religionsfreiheit als Menschenrecht benannt. Der gleiche Beschluss erkennt außerdem explizit an, dass das Christentum global betrachtet die am stärksten verfolgte Religionsgemeinschaft ist, und benennt auch eine entscheidende Ursache:

„Mit einem Anteil von rund 31,4 Prozent der Weltbevölkerung berufen sich mehr Menschen auf das Christentum als auf jede andere Religion oder Glaubensgemeinschaft. Auf keine andere Religionsgemeinschaft entfallen mehr Verfolgte. Vor allem dort, wo sie in der Minderheit sind, sind Christen weltweit am meisten von Diskriminierung, Verfolgung und Gewalt betroffen. In zahlreichen islamischen Staaten setzen Regierungen religiöse Rechtsnormen durch und schränken damit das Menschenrecht massiv ein."[96]

In dem gleichen Beschluss fordert der Bundestag die Bundesregierung auf, das Menschenrecht auf Religionsfreiheit bei allen Maßnahmen zur Minderung von Fluchtursachen einzubeziehen, das Thema „Religion und Entwicklung" in bilateraler Zusammenarbeit zu verankern und im Rahmen der EU-Ratspräsidentschaft im zweiten Halbjahr 2020 für den Schutz der Förderung der Religions- und Weltanschauungsfreiheit einzutreten. Der Einsatz für religiöse Minderheiten muss dabei bemüht sein, Eskalationen abzuwenden. Das bedeutet beispielsweise, dass einzelne Gemeinschaften nicht grundsätzlich gegenüber anderen bevorzugt werden dürfen.

Doch der Einsatz für Religionsfreiheit und verfolgte und bedrängte Christen muss auch hier vor Ort geleistet werden. So werden immer wieder christliche Konvertiten, meist aus dem Iran, aber auch aus Afghanistan und anderen Ländern, aus Deutschland abgeschoben. Gerade das Recht, seinen Glauben zu wechseln, ist allerdings – so formulierte es Heiner Bielefeldt – die „Nagelprobe“[97] der Religionsfreiheit. Nur dort, wo Menschen tatsächlich die Freiheit haben, ihren Glauben abzulegen oder zu wechseln, ist wirklich gewährleistet, dass ihr jeweiliges Bekenntnis Ausdruck einer freien Entscheidung ist. Dieses Recht ist sowohl in der Allgemeinen Erklärung der Menschenrechte als auch in Artikel 18 des Zivilpaktes festgeschrieben. Doch auch manche Staaten, die den Zivilpakt ratifiziert haben, missachten dieses Recht zu konvertieren zutiefst, etwa der Iran. „Konvertieren“ ist dabei stets im doppelten, also im aktiven und im passiven Sinn zu verstehen: Sowohl das Werben und das Konvertieren anderer als auch das Konvertiert-Werden ist damit gemeint. Beides führt im Iran oft zu massiven Repressionen. Dass dem so ist, ist auch den deutschen Behörden bekannt. So dokumentiert der Länderbericht des Bundesamtes für Migration und Flüchtlinge vom März 2019 ausführlich, dass die Lage für christliche Konvertiten – inzwischen die größte christliche Gruppe im Iran – dort von erheblichen Menschenrechtsverletzungen, etwa willkürlichen Inhaftierungen, geprägt ist.[98] Im Iran ist die Apostasie, also der Abfall vom muslimischen Glauben, nicht nach dem kodifizierten Recht, aber nach der Scharia strafbar. Das iranische Recht sieht die Anwendung der Scharia dann vor, wenn das kodifizierte Recht keine entsprechenden Gesetze bereitstellt. Auf der Grundlage der Scharia wurde im Iran zuletzt im November 2002 die Todesstrafe verhängt, allerdings 2005 in eine Haftstrafe umgewandelt. Dass in den letzten Jahren keine Todesurteile wegen des Straftatbestandes der Apostasie verhängt wurden, ist ein Zeichen der Hoffnung. Zugleich darf dies nicht darüber hinwegtäuschen, dass der Glaubenswechsel schwere Sanktionen nach sich ziehen kann. Betroffene, meist Bahai und Christen, werden der Gefährdung der nationalen Sicherheit, der Beleidigung des Heiligen oder der Organisation von Hauskirchen beschuldigt.

Wenn wir die Religionsfreiheit, ja die Würde des Menschen überhaupt ernst nehmen, dann dürfen wir Menschen nicht in eine solche für sie existenziell gefährdende Lage abschieben. Hier ist auch die Außenwahrnehmung zu berücksichtigen: Jede Abschiebung eines christlichen Konvertiten in den Iran erweckt ja zugleich den Eindruck, dass die entsprechenden deutschen Behörden die Lage der Religionsfreiheit im Iran wie auch die Menschenrechtslage insgesamt als mehr oder weniger unbedenklich einstufen. Ein solches Signal dürfen wir nicht senden. Ein Land, das das völkerrechtlich verankerte Recht auf Religionsfreiheit massiv missachtet, darf von uns keine Unbedenklichkeitsbescheinigung in der Form von Abschiebungen ausgestellt bekommen. Ein erster Schritt, der Situation von Asylsuchenden, die vom Islam zum Christentum konvertiert sind, besser gerecht zu werden, könnte in einer Vereinheitlichung der Rechtsprechung und der ihr zugrunde liegenden Prüfkriterien bestehen. Sowohl das Asylverfahren beim Bundesamt für Migration und Flüchtlinge (BAMF) als auch die entsprechenden Entscheidungen bei Verwaltungsgerichten werden derzeit von Einzelpersonen entschieden. Dies führt in der Praxis oftmals zu schwer nachvollziehbaren Ergebnissen: Es ist schlichtweg unklar, welches theologische Wissen von einem Konvertiten jeweils über seine neue Religion erwartet wird. Ist ein Asylbewerber gut vorbereitet und kann zahlreiche Detailfragen zu seinem neu angenommenen Glauben beantworten, wurde in manchen Verfahren unterstellt, dass er lediglich gut auswendig gelernt habe. Kann er bestimmte Fragen zum Glaubenswissen nicht beantworten, wird wiederum unterstellt, er kenne seine neue Religion nicht und könne nicht glaubhaft konvertiert sein. Ein weiterer Schritt in der Verbesserung der Situation für konvertierte Asylbewerber könnte darin bestehen, die von Kirchen oftmals ausgestellten Zeugnisse über die Teilnahme des Konvertiten am Gemeindeleben besser zu würdigen. Eine erste Entwicklung gibt es bereits: Das Bundesverfassungsgericht hat kürzlich die Verfassungsbeschwerde eines iranischen Konvertiten nicht zur Entscheidung angenommen und damit die bisherige Praxis der Verwaltungsgerichte vermeintlich bestätigt.[99] Allerdings begründete das Gericht seine Entscheidung mit bemerkenswerter Ausführlichkeit, sodass man darin durchaus einen Fingerzeig in Richtung der Verwaltungsgerichte sehen kann. Das Bundesverfassungsgericht betonte etwa, dass die durch eine Taufe vollzogene Konversion und die daraus folgende Mitgliedschaft in einer christlichen Kirche nicht infrage gestellt werden dürfe. Das Urteil darüber, wer Christ ist und wer nicht, liegt also nicht bei den Gerichten, sondern den Kirchen. Weiterhin erläuterte das Bundesverfassungsgericht, dass die Entscheidung darüber, ob ein identitätsprägender Glaubenswechsel vorliegt, nicht von einem vermeintlichen Mindestwissen allein abhängig gemacht werden darf: Wer also nicht in theologischer Präzision erläutern kann, was an Pfingsten gefeiert wird, ein Glaubensbekenntnis oder eine Bibelstelle nicht perfekt zitieren kann, darf nicht allein deswegen als unglaubwürdig eingestuft werden. Die Praxis ist angesichts dieser Klarstellungen gefordert und in der Pflicht, Maßstäbe konsequent und transparent anzuwenden.

Migration und Flucht

Migration ist ein globales Phänomen. Die Zahl derjenigen, die ihre Heimat verlassen und eine neue suchen, wächst zunehmend. Die Vereinten Nationen zählten 2015 etwa 250 Millionen internationale Migranten. Das entspricht etwa 3,3 Prozent der Weltbevölkerung. Seit 1990 hat sich somit die Zahl der Migranten verdoppelt. Dem Flüchtlingshilfswerk der Vereinten Nationen (UNHCR) zufolge wird weltweit alle zwei Sekunden eine Person durch Gewalt vertrieben, global sind etwa 68,5 Millionen Menschen auf der Flucht, so viele wie seit dem Zweiten Weltkrieg nicht mehr.[100] Von den Menschen, die Schutz suchen, kommt nur ein Bruchteil nach Europa, die allermeisten finden in einem Entwicklungsland Aufnahme. Zu den Ursachen der Migration zählen wirtschaftliche Motive, regionale Krisen, autoritäre politische Regime, die Diskriminierung von Minderheiten, das Zusammenbrechen staatlicher Strukturen und bewaffnete Konflikte.

Der Begriff der Migration wird in vielfältigen Bedeutungen verwendet. So lässt sich beispielsweise unterscheiden zwischen freiwilliger Migration und – durch äußere Umstände – erzwungener Flucht. Die Vereinten Nationen verstehen Migranten als Personen, die sich länger als ein Jahr in einem anderen als ihrem Herkunftsland aufhalten, unabhängig davon, ob sie dies aus einer freien Wahl heraus oder gezwungenermaßen tun. In zahlreichen Ländern wurde insbesondere die Migrationsthematik zum Schlüsselthema rechtspopulistischer Politiker. Seit 2015 haben in Deutschland etwa 1,6 Millionen Menschen einen Asylantrag gestellt, wobei der relative Anteil derjenigen kontinuierlich sinkt, denen Schutz in Deutschland gewährt wird. Migration ist eines der bestimmenden Themen politischer Debatten in Deutschland. Dabei wird die facettenreiche, komplexe und vielschichtige Thematik der Migration manchmal unter dem Begriff der „Flüchtlingskrise" eng geführt. Rechtspopulisten handeln diese Krise mit einseitigen oder sachlich falschen Kampfbegriffen ab wie „unkontrollierte Einwanderung", „Überfremdung" und einer angeblichen „Grenzöffnung" im Jahr 2015.

Es ist eine banale Erkenntnis, dass Deutschland weder die Probleme der ganzen Welt alleine lösen noch alle Schutzsuchenden aufnehmen kann. Aber ein Land, das sich der jüdisch-christlichen Tradition verpflichtet weiß, kann nicht wegschauen, wenn Menschen vor Tod und Krieg fliehen. Aufgrund dieser Verantwortung ist auch heute zu sagen: Die Entscheidung von Bundeskanzlerin Merkel im September 2015, die über die Balkanroute gekommenen und in Ungarn festsitzenden Fliehenden nach Deutschland zu lassen, war in der konkreten Situation die einzig richtige. Papst Benedikt XVI. erinnerte in der Enzyklika *Caritas in veritate* bereits im Jahr 2009 eindringlich daran, dass wir angesichts der sozialen, wirtschaftlichen, politischen und kulturellen Herausforderungen, die das Phänomen der Migration aufwirft, stets vor Augen haben müssen, dass

> *„jeder Migrant eine menschliche Person [ist], die als solche unveräußerliche Grundrechte besitzt, die von allen und in jeder Situation berücksichtigt werden müssen." (Caritas in Veritate 62)*

Dass Staaten sich gegenseitig die Solidarität verweigern und sich einer geteilten Verantwortung entziehen, ist ein globales und vor allem auch europäisches Problem.

Dies darf in der Konsequenz nicht bedeuten, dass wir uns ebenfalls aus der Verantwortung ziehen. Der Schutz der Würde des Menschen und die Solidarität mit Notleidenden und Schutzsuchenden ist nicht optional, sondern unsere Pflicht. Die Allgemeine Erklärung der Menschenrechte erkennt in Artikel 13 das Recht eines jeden Menschen an, sich nicht nur innerhalb seines Staates frei bewegen und seinen Aufenthaltsort frei wählen zu dürfen, sondern sagt darüber hinaus auch:

> *„Jeder Mensch hat das Recht, jedes Land, einschließlich seines eigenen, zu verlassen und in das eigene Land zurückzukehren."*[101]

Artikel 14 der Allgemeinen Erklärung der Menschenrechte enthält zudem das Recht eines jeden Menschen, in anderen Ländern vor Verfolgung Asyl zu suchen und zu genießen. Fast wortgleich hält es der Zivilpakt über bürgerliche und politische Rechte in Artikel 12 in völkerrechtlich verbindlicher Weise fest. Das Verlassen der Heimat ist oftmals der einzige Weg, sich schweren Menschenrechtsverletzungen zu entziehen. Dem Recht auf Auswanderung entspricht kein grundsätzliches Recht auf Einwanderung in ein anderes Land. Die christliche Tradition hat sich allerdings für ein moralisches Recht auf Einwanderung unter bestimmten Umständen ausgesprochen. In seiner Enzyklika *Pacem in terris* (1963) schreibt Papst Johannes XXIII.:

> *„[...] ja, es muß [dem Menschen] auch erlaubt sein, sofern gerechte Gründe dazu raten, in andere Staaten auszuwandern und dort seinen Wohnsitz aufzuschlagen. Auch dadurch, dass jemand Bürger eines bestimmten Staates ist, hört er in keiner Weise auf, Mitglied der Menschheitsfamilie und Bürger jener universalen Gesellschaft und jener Gemeinschaft aller Menschen zu sein."* (Absatz 12)

In der gleichen Enzyklika mahnt Johannes XXIII. auch die Staatenlenker:

> *„Zu den Rechten der menschlichen Person gehört es auch, sich in diejenige Staatsgemeinschaft zu begeben, in der man hofft, besser für sich und die eigenen Angehörigen sorgen zu können. Deshalb ist es Pflicht der Staatslenker, ankommende Fremde aufzunehmen und, soweit es das wahre Wohl ihrer Gemeinschaft zulässt, dem Vorhaben derer entgegenzukommen, die sich einer neuen Gemeinschaft anschließen wollen." (Absatz 57)*

Die in *Pacem in terris* zur Sprache gebrachte, tief in der jüdisch-christlichen Tradition verwurzelte Überzeugung, dass Menschen, so sehr sie sich auch in Kulturkreise und Nationen unterscheiden, eine gemeinsame Menschheitsfamilie bilden und dass wir angehalten sind, Fremden mit Wohlwollen, Solidarität und Offenheit zu begegnen, ist für uns Mahnung zu einer großzügigen Aufnahmepolitik. Wie dabei das Gleichgewicht zwischen zwei Verantwortungen zu halten ist, nämlich einerseits gegenüber der eigenen Bevölkerung und andererseits gegenüber Schutzsuchenden aus anderen Ländern, muss Gegenstand politischer Debatten und Kompromisse sein. Es liegt auf der Hand, dass die Herausforderung der Migration nicht ohne Fluchtursachenbekämpfung zu bewältigen ist. Natürlich müssen wir das in unserer Macht Stehende tun, um in Krisenregionen für Stabilität und Sicherheit zu sorgen. Allerdings dürfen die Aufnahme von Schutzsuchenden einerseits und Fluchtursachenbekämpfung andererseits nicht gegeneinander ausgespielt werden. Fluchtursachenbekämpfung darf nicht zu einer Floskel werden, deren einziger Zweck darin besteht, eine restriktive Aufnahmepolitik zu rechtfertigen.

Dass es möglich ist, sowohl Fluchtursachenbekämpfung als auch die Aufnahme von Schutzsuchenden parallel zu denken, zeigt beispielsweise das deutsche Engagement im Nordirak. Der sogenannte Islamische Staat richtete im Irak einen Genozid an der Religionsgemeinschaft der Jesiden an. Während die Männer ermordet und die Jungen oftmals zu Kindersoldaten ausgebildet wurden, erlitten Frauen und Mädchen massive sexuelle Gewalt. Viele sind vor dem IS geflohen, auch heute leben etwa 300.000 Jesiden nicht mehr in ihrer ursprünglichen Heimat Sindschar, sondern überwiegend als Binnenflüchtlinge in der Region Kurdistan-Irak. Deutschland beteiligt sich vor Ort an zahlreichen Stabilisierungsprojekten, etwa dem Wiederaufbau von Infrastruktur und Schulen sowie der Gewährleistung von Basisversorgung (etwa mobile Kliniken), um langfristig dazu beizutragen, dass die zahlreichen, vorwiegend jesidischen Binnenflüchtlinge in ihrer Heimat echte Zukunftsperspektiven haben. Zugleich hat das Bundesland Baden-Württemberg 2015 und 2016 ein Sonderkontingent für besonders schutzbedürftige Frauen und Kinder aus dem Nordirak auf die Beine gestellt und 1100 Frauen und Kinder nach Deutschland gebracht. Das Projekt, an dem sich schließlich auch Niedersachsen und Schleswig-Holstein beteiligten, verstand sich als Nothilfe für besonders schwer traumatisierte Personen. Die Einrichtungen im Nordirak waren zum damaligen Zeitpunkt dem Bedarf an medizinischer und psychologischer Betreuung nicht gewachsen. Neben der Soforthilfe für die besonders schwer Betroffenen im Rahmen eines Sonderkontingentes hatte das Land Baden-Württemberg auch eine Zusammenarbeit zwischen Landeshochschulen und der Universität Dohuk im Nordirak initiiert, um die Ausbildung von Psychotherapeuten in der Region langfristig zu ermöglichen. Das deutsche Engagement im Nordirak zeigt, dass Fluchtursachenbekämpfung im Sinne einer Hilfe vor Ort nicht in Konkurrenz zu einer großzügigen Aufnahmepolitik stehen muss, sondern dass beides zusammengedacht werden kann.

Dass so viele Menschen in Not ausgerechnet in Deutschland Zuflucht suchen, spricht für unser Land. Deutschland ist nicht nur aufgrund seines Wohlstandes attraktiv, sondern auch und gerade weil es in vielerlei Hinsicht durch das Christliche Menschenbild geprägt ist: Die Anerkennung der unantastbaren Würde jedes Einzelnen unabhängig von seiner Herkunft und die Liebe zum Nächsten, die sich in gesellschaftlicher Solidarität mit Hilfsbedürftigen und Notleidenden niederschlägt, macht Deutschland für Flüchtlinge attraktiv. Die Verantwortung, die wir unseren „fremden Nächsten" gegenüber haben, besteht allerdings nicht nur darin, ihnen hier Zuflucht zu geben. Zugleich müssen wir auch daran mitwirken, eben jene Umstände zu überwinden, die Anlass ihrer Flucht waren. Hier kommt der Europäischen Union eine entscheidende Bedeutung zu. Die von mehreren europäischen Staaten an den Tag gelegte Logik, sich selbst der Nächste zu sein, untergräbt das Selbstverständnis der Europäischen Union, nicht nur Wirtschafts-, sondern auch Wertegemeinschaft zu sein. Zu diesen Werten gehört auch, gemeinsam Verantwortung zu übernehmen und solidarisch miteinander zu sein. Wenn sich die Europäische Union angesichts großer humanitärer Herausforderungen auf eine Union der Willigen zurückziehen muss, ist dies ein schlechtes Zeichen für die Zukunftsfähigkeit Europas.

Geöffnete Tore? – Krise an der EU-Außengrenze

„Wir haben die Tore geöffnet. [...] Wir werden die Tore auch in Zukunft nicht schließen. Wir müssen nicht so viele Flüchtlinge durchfüttern.“[102]

Mit diesen Worten kündigte der türkische Staatspräsident am 1. März 2020 die Öffnung der türkischen Grenze zu Griechenland und Bulgarien an. Man werde, so Erdogan, Flüchtlinge nicht mehr an der Weiterreise in die Europäische Union hindern. Diese Situation erwies sich als weiterer Lackmustest der EU als Wertegemeinschaft. Erdogan machte eine zuvor bereits mehrfach geäußerte Drohung wahr und verstieß mit dieser Entscheidung unmittelbar gegen das EU-Türkei-Abkommen vom 18. März 2016. Dieses Abkommen, das die EU mit der Türkei in der Folge der Ereignisse 2015 geschlossen hatte, sah unter anderem vor, dass

„die Türkei [...] alle erforderlichen Maßnahmen ergreifen [wird], um zu verhindern, dass neue See- und Landrouten für die illegale Migration von der Türkei in die EU entstehen.“ (Absatz 3)[103]

Die EU sicherte der Türkei zu, sie finanziell bei der Versorgung der Flüchtlinge mit 6 Milliarden Euro zu unterstützen. In der Folge der Grenzöffnung gingen erschütternde Bilder um die Welt. Von Eltern, die verzweifelt versuchten, ihren Kindern das Tränengas aus den Augen zu waschen, von durch Warnschüsse in Panik versetzte Menschenmengen und von überfüllten Schlauchbooten, die die griechische Küstenwache mit allen Mitteln zurückdrängen wollte. Diese dramatischen Bilder, die menschliche Verzweiflung und Not der Fliehenden wurden in der Rhetorik nicht weniger Politiker einfach ausgeklammert. Von dem Doppelgespann aus Ordnung und Humanität war vielerorts nur noch die Ordnung im Sinn. Getrieben wurde dieser einseitige Fokus offensichtlich von der Angst, die Bilder von 2015 könnten sich wiederholen. So sehr die Sorge um den Schutz der europäischen Außengrenzen, der seinerseits die Bedingung für die offenen Grenzen innerhalb der EU ist, berechtigt ist, so sehr ist doch die Reduzierung der Flüchtlingsfrage hierauf nicht nur kurzsichtig, sondern geradezu zynisch. Zu Recht wird Erdogan dafür kritisiert, Flüchtlinge instrumentalisiert zu haben, um politischen Druck auf Europa auszuüben. Es widerspricht jenen Werten, auf denen Europa gegründet ist und die die Christdemokratie beseelen, Menschen zu benutzen, sie zu Objekten und zu einem Mittel zum Zweck zu machen. Doch wer sich über das Handeln Erdogans zu Recht empört, muss sich auch dann empören, wenn über hilfesuchende, vor Krieg und Armut geflohene Menschen so gesprochen wird, als seien sie nichts weiter als eine Plage, die es abzuwehren gilt. Wer so über Menschen spricht und mit ihnen so umgeht, zeigt, dass er vom Christlichen Menschenbild, von der Gottebenbildlichkeit des Menschen und seiner Würde nichts verstanden hat. Was also müssen wir tun? Unsere humanitäre Verantwortung ist dort am dringlichsten, wo Menschen besonders verletzlich und schutzbedürftig sind. Es ist daher ein Gebot der Humanität, dass wir eine Lösung für die vielen Menschen finden, die sich bereits in der EU befinden und in völlig überfüllten Flüchtlingslagern unter alarmierenden hygienischen Umständen verzweifelt auf eine bessere Zukunft warten. Kinder, Jugendliche, Kranke, Schwangere brauchen unsere Hilfe – jetzt. Diese Menschen auf EU-Länder zu verteilen, zur Not in einer „Koalition der Willigen“, wäre ein wichtiges Signal der Humanität. Es wäre zugleich eine Entlastung für die griechischen Behörden, die wir mit ihrer Aufgabe, die Außengrenze der EU zu schützen, nicht alleine lassen dürfen. Zugleich ist klar: Kein Weg führt an dem Abkommen mit der Türkei vorbei. Angesichts der drohenden zusätzlichen Flüchtlingsströme aus Idlib – es wird mit bis zu einer Million Menschen gerechnet – müssen wir die Türkei darin unterstützen, die Millionen von Flüchtlingen in ihrem Land angemessen zu versorgen. Wir sind dies nicht in erster Linie der Türkei, sondern den Flüchtlingen selbst schuldig. Hier zeigt sich ein politisches Dilemma erster Güte: Obwohl der türkische Staatspräsident Menschen bewusst instrumentalisierte und erheblichen Gefahren aussetzte, um Druck auf Europa auszuüben, obwohl er damit gegen das Abkommen verstieß und obwohl wir ein solches Vorgehen weder politisch noch moralisch akzeptieren wollen, stehen wir vor der Wahl zwischen Gesinnungs- und Verantwortungsethik. In seinem Vortrag über Politik als Beruf unterscheidet Max Weber diese beiden Typen von Ethik wie folgt:

> *„Wir müssen uns klarmachen, dass alles ethisch orientierte Handeln unter zwei voneinander grundverschiedenen, unaustragbar gegensätzlichen Maximen stehen kann: Es kann ‚gesinnungsethisch' oder ‚verantwortungsethisch' orientiert sein. Nicht dass Gesinnungsethik mit Verantwortungslosigkeit und Verantwortungsethik mit Gesinnungslosigkeit identisch wäre. Davon ist natürlich keine Rede. Aber es ist ein abgrundtiefer Gegensatz, ob man unter der gesinnungsethischen Maxime handelt – religiös geredet: ‚Der Christ tut recht und stellt den Erfolg Gott anheim' – oder unter der verantwortungsethischen: dass man für die (voraussehbaren) Folgen seines Handelns aufzukommen hat.“*[104]

Ein Gesinnungsethiker wäre angesichts der tragischen Ereignisse an der türkisch-griechischen Grenze und der bewussten Provokation und Instrumentalisierung von menschlichem Leid sicher geneigt, dem türkischen Staatspräsidenten in der Konsequenz jegliche finanzielle oder andere Unterstützung zu versagen. Das wäre von der Gesinnung her konsequent: Wer sich nicht an Absprachen hält und das Leid verzweifelter Menschen instrumentalisiert, der hat als Persona non grata und nicht als Partner zu gelten. Aber eine solche Haltung übersieht die reale Verantwortung, die wir als christlich geprägte Wertegemeinschaft gegenüber jenen haben, die sich aus Verzweiflung und der Hoffnung auf eine bessere Zukunft auf den Weg zu uns machen – oftmals unter großen Risiken. Unsere Verantwortung ist hier eine doppelte: Wir schulden den Geflohenen aus Syrien und anderen Ländern, die sich derzeit in der Türkei aufhalten, Humanität, weil es sich um Menschen handelt, die buchstäblich vor unserer europäischen Haustür und damit im Wortsinn unsere „Nächsten“ sind. Wenn wir diesen Menschen helfen wollen, führt allerdings kein Weg an einer Fortsetzung des Abkommens mit der Türkei vorbei. Würde das Abkommen scheitern, wäre damit zu rechnen, dass sich Fliehende in ihrer Verzweiflung in die Hände krimineller Schlepper und damit in Lebensgefahr begeben. Das Abkommen mit der Türkei hat nicht nur die Funktion, ungeordnete Migration in die Europäische Union zu verhindern, es schafft auch die Rahmenbedingungen, um den Menschen vor Ort humanitäre Hilfe zukommen zu lassen. Darüber hinaus ist das EU-Türkei-Abkommen ein wichtiger Beitrag für den Schutz der europäischen Außengrenzen. Der Schutz dieser Grenzen ist Voraussetzung für die offenen Grenzen innerhalb der EU und des Schengen-Raumes.

Zugleich sind wir den Fliehenden auch Ehrlichkeit schuldig. Deutschland und die Europäische Union können nicht das langfristige Ziel aller Fliehenden sein, unsere Kapazitäten sind begrenzt, und Asyl erhält nur derjenige, der hierauf auch wirklich ein Recht hat. Wir dürfen nicht übersehen, dass Deutschland innerhalb der Europäischen Union zu jenen Ländern zählt, die sowohl in absoluten Zahlen als auch in Relation zur eigenen Bevölkerung die meisten Menschen aufnehmen. Allein im Jahr 2019 wurden insgesamt 183.954 Asylentscheidungen getroffen. Davon erhielten 45.053 Menschen die Rechtsstellung als Flüchtling, 19.419 wurde subsidiärer Schutz gewährt, bei 5857 wurde ein Abschiebungsverbot festgestellt.[105] Darüber hinaus beteiligt sich Deutschland an verschiedenen Resettlement-Programmen, über die Geflüchtete, die bereits in einem anderen Staat Zuflucht gesucht haben, mit der Perspektive einer dauerhaften Aufnahme umgesiedelt werden. Derartige Programme richten sich zuvorderst an jene, die in besonderer Weise schutzbedürftig sind, etwa aufgrund ihres Alters, ihres gesundheitlichen Zustandes, ihres Geschlechts oder aufgrund von gewaltvollen Erfahrungen. Derartige Kontingente können ein geeigneter Weg sein, gezielt besonders vulnerablen Menschen zu helfen.

Wir dürfen – und auch das ist in letzter Konsequenz ein Gebot der Humanität – keine Hoffnungen wecken, die wir nicht auch einlösen können. Wir sind aber in der Verantwortung, Menschen in Not zu helfen, soweit wir es können. Was also ist nun zu tun?

EU-Staaten, und sei es nur eine „Koalition der Willigen“, müssen dringend eine Lösung für die völlig überlaufenen, sich zu einer humanitären Katastrophe entwickelnden Flüchtlingslager auf Lesbos und anderen Inseln in der Ägäis finden. Damit ließen sich zwei Dinge erreichen: Zum einen würde Griechenland – von dem die EU den Schutz ihrer Außengrenze erwartet – hierdurch strukturell und politisch entlastet. Zum anderen – und das ist noch entscheidender – haben wir eine

Verantwortung für die Menschen dort. Solange sich die EU als Wertegemeinschaft versteht, kann sie nicht tatenlos zusehen, wenn Menschen, wohlgemerkt innerhalb der EU, in völlig überfüllten Lagern untergebracht sind, in denen nicht einmal mehr die Versorgung mit ausreichend Nahrungsmitteln, Wasser und medizinischer Versorgung gewährleistet ist. Politisch müssen wir zudem eine funktionierende Fortsetzung des EU-Türkei-Abkommens erreichen. Deutschland und die EU müssen sodann ihre Hilfe vor Ort für die Millionen von Flüchtlingen in der Türkei intensivieren. Erstens um ihrer moralischen Verantwortung gegenüber Geflohenen gerecht zu werden. Zweitens um die Türkei zu entlasten, der voraussichtlich weitere erhebliche Flüchtlingsströme aus dem Gouvernement Idlib bevorstehen. Diese Strategie sollte durch eine Fortsetzung und Intensivierung der deutschen Beteiligung an Resettlement-Programmen flankiert werden, um wirklich Hilfsbedürftigen gezielt, effizient und schnell helfen zu können. Wenn es der Europäischen Union nicht gelingt, geordnete Migration und Humanität wirklich zusammenzudenken und Realität werden zu lassen, dann hat dieser Lackmustest gezeigt, dass wir als Wertegemeinschaft dann, wenn es am nötigsten wäre, nicht handlungsfähig sind.

Integration

In Deutschland leben über 15 Millionen Menschen mit Migrationshintergrund. Viele von ihnen haben ihren Platz in der Gesellschaft längst gefunden: Sie sprechen Deutsch, können sich mit den Grundwerten identifizieren, die unsere Gesellschaft prägen und zusammenhalten, sind gebildet und haben gute Schulabschlüsse und einen Arbeitsplatz. Zugleich bleibt die Integration von in Deutschland lebenden und neu zugewanderten Migranten eine politische und gesellschaftliche Herausforderung. Zur Realität der Integration gehört auch, dass viele Menschen, die teilweise bereits seit Jahren in Deutschland sind, die deutsche Sprache nicht ausreichend beherrschen, in Schule und Ausbildung schlecht abschneiden und teilweise in Parallelgesellschaften leben. Erfolgreiche Integration bedeutet Identifikation, Teilhabe und Verantwortung. Eine Politik, die sich am Christlichen Menschenbild ausrichtet, setzt dabei auf ein ausgeglichenes Zusammenspiel von Fordern und Fördern. Wir dürfen und müssen fordern, dass Menschen, die zu uns kommen, sich auf unsere Gesellschaft einlassen, die – auch durch das Christliche Menschenbild geprägte – Gleichheit von Mann und Frau respektieren und die damit verbundenen Freiheitsrechte von Frauen selbstverständlich anerkennen. Das Gelingen von Integration ist dabei eine Aufgabe, die allen zukommt, dem Staat, der bürgerlichen Gesellschaft und den Migranten selbst. Das Grundrecht der Religionsfreiheit darf nicht in Beschlag genommen werden, um Grundrechte Einzelner zu missachten: Dies gilt etwa für die Teilnahme von Schülerinnen an Klassenfahrten und Sportunterricht, aber auch im Hinblick auf schwerwiegende Sachverhalte wie Zwangsverheiratung, Gewalt in der Familie und weibliche Genitalverstümmelung. Parallelgesellschaften schaden dem gesellschaftlichen Miteinander. Integrationspolitik hat das Ziel, gleichberechtigte Teilnahme zu verwirklichen. Die wesentliche Voraussetzung gelingender Integration ist Sprachfähigkeit. Sie ermöglicht erst echte Identifikation und ist notwendige Bedingung für Erfolg in Schule, Ausbildung und Arbeitsmarkt.

Doch wo wir von Migranten und Migrantinnen fordern, dass sie sich mit unseren Grundwerten, wie sie sich auch im Grundgesetz niederschlagen, identifizieren, wo wir fordern, dass sie sich die deutsche Sprache aneignen und Leistung auf dem Arbeitsmarkt erbringen, dort müssen wir auch fördern, also die strukturellen Bedingungen schaffen, dass ein solcher Prozess gelingen kann. Im Sinne des Subsidiaritätsprinzips kommt es darauf an, Migranten und Migrantinnen dabei zu unterstützen, in unserer Gesellschaft auf eigenen Beinen stehen zu können, etwa durch ein gutes Angebot an Integrations- und Sprachkursen sowie Qualifizierungsprogrammen. Fördern heißt darüber hinaus auch, Werte zu vermitteln. Es geht nicht darum, Menschen, die zu uns kommen, unser Wertegefüge aufzuzwingen, sondern deutlich zu machen, dass dieses Wertegefüge die Grundlage eines guten gesellschaftlichen Miteinanders ist und daher auch Migranten etwas zu bieten hat. Das Menschenrecht auf Religionsfreiheit gilt in Deutschland für alle. Wir müssen mit Nachdruck widersprechen, wenn Menschen grundsätzlich verhindern wollen, dass Muslime in Deutschland Moscheen errichten, weil sie nicht bereit sind, ihnen die gleichen Rechte zuzugestehen, die sie für sich selbst in Anspruch nehmen. Wo Einwanderer spüren, dass die Werte und Grundrechte, die unser Land ausmachen, auch ihnen zugutekommen, besteht eine echte Chance, dass sie sich mit ihnen auch identifizieren.

Für gelingende Integration ist es darüber hinaus entscheidend, dass wir Migranten grundsätzlich auch zutrauen, sich integrieren zu können. So wie gelingende Integration sowohl ein Erfolg der Mehrheitsgesellschaft als auch der hinzukommenden Migranten ist, so kann auch das Scheitern von Integration gegenseitig bedingt sein. Rechtspopulisten sprechen Einwanderern oftmals grundsätzlich ab, die Werte unserer Gesellschaft zu schätzen, und instrumentalisieren diese, um eine grundsätzliche Unvereinbarkeit zwischen einer sehr einlinig verstandenen „deutschen“ Kultur und Migranten zu behaupten. Doch gerade die Werte, die unsere Gesellschaft ausmachen, allen voran die Anerkennung der Würde und fundamentalen Gleichheit aller Menschen, ermutigen uns doch, Migrantinnen und Migranten mit menschlicher Wertschätzung zu begegnen. Der von Rechtspopulisten inszenierten und instrumentalisierten Sorge, Migration sei eine grundsätzliche Bedrohung für die Identität der Mehrheitsgesellschaft, hat Papst Franziskus in dem Apostolischen Schreiben *Evangelii gaudium* (Absatz 210)[106] die Forderung einer „*großherzigen Öffnung*“ entgegengehalten, die, „*anstatt die Zerstörung der eigenen Identität zu befürchten, fähig ist, neue kulturelle Synthesen zu schaffen*“. Damit Deutschland Heimat für alle – Einheimische und Migranten – sein kann, braucht es eine Gleichzeitigkeit von Offenheit für Zuwandernde und Kompromisslosigkeit im Hinblick auf die Verbindlichkeit von Grundwerten und Rechtsordnung. Damit sind vor allem auch vermeintlich kleine, aber für den Lebensalltag entscheidende Dinge gemeint, etwa die Teilnahme von muslimischen Schülerinnen am Schwimmunterricht. Vereinzelt gab es immer wieder Versuche von Eltern, ihre Kinder aus religiösen Gründen hiervon fernzuhalten. Die Rechtsprechung deutscher Gerichte und inzwischen auch des Europäischen Gerichtshofes für Menschenrechte ist hier eindeutig: Die Religionsfreiheit kann nicht in Anschlag gegen den Bildungsauftrag der Schulen gebracht werden. Die Einbürgerung von Zugewanderten ist das Endergebnis gelungener Integration. Auf dem Weg dorthin müssen wir stets signalisieren, dass Menschen willkommen sind, gleichberechtigte

Mitglieder unserer Gesellschaft zu werden. Zugleich müssen wir stets auch betonen: Integration ist eine Aufgabe für alle Beteiligten – die Mehrheitsgesellschaft *und* die Zuwandernden.

Integration und Islam

Die Organisation der Islamischen Konferenz, die sich inzwischen Organisation für islamische Zusammenarbeit (OIC) nennt und der derzeit 56 Staaten angehören, in denen der Islam entweder Staatsreligion oder die Religion der Bevölkerungsmehrheit ist, beschloss 1990 die *Kairoer Erklärung der Menschenrechte im Islam*[107], die sich als islamischer Gegenentwurf zur Allgemeinen Erklärung der Menschenrechte versteht. Während sie sich in der Form und den angesprochenen Themen an dieser orientiert, bestreitet sie allerdings vielfach deren Inhalte. So hebt die Kairoer Erklärung hervor, dass alle in dieser Erklärung enthaltenen Rechte der islamischen Scharia nachgeordnet sind. Sie führt aus, dass die Scharia auch für das Strafrecht der entscheidende Orientierungsmaßstab ist, und betont, dass der Islam die wahre Religion sei. Besonders deutlich wird die Abweichung von der Allgemeinen Erklärung der Menschenrechte im Hinblick auf die Religionsfreiheit: Während deren Artikel 18 jedem Menschen das Recht auf Gedanken-, Gewissens- und Religionsfreiheit einschließlich des Rechtes, die Überzeugung zu wechseln, zuspricht, findet sich in der Kairoer Erklärung zur Religionsfreiheit lediglich folgender Satz in Artikel 10:

> *„Der Islam ist die Religion wahrer und unverdorbener Natur. Es ist verboten, auf jemanden jegliche Form von Druck auszuüben oder seine Armut oder sein Unwissen*

auszubeuten, um ihn zu zwingen, seine Religion zu wechseln oder zum Atheisten zu machen.“

Der Anspruch, dass staatliche Gesetzgebung in entscheidenden menschenrechtlichen Fragen der Scharia nachgeordnet ist, zeigt deutlich, dass die durch die Aufklärung geprägte Vorstellung einer Trennung von Staat und Religion in weiten Teilen der islamischen Welt ebenso wenig existiert wie die Vorstellung, dass jedem Menschen das Recht zukommt, seinen Glauben frei wählen oder ablegen zu dürfen. Es ist vor diesem Hintergrund keineswegs abwegig zu fragen, wie kompatibel Islam und demokratische Gesellschaftsformen sind.

Als der damalige Bundespräsident Christian Wulff in seiner Rede anlässlich des 20. Jahrestages der Deutschen Einheit den Satz „*Aber der Islam gehört inzwischen auch zu Deutschland*“[108] aussprach, folgte eine bis heute anhaltende Kontroverse. In ihrem Mittelpunkt stand und steht die Frage, ob der Islam grundsätzlich mit den Werten, in denen unsere offene Gesellschaft gründet, vereinbar ist. Dabei ist bereits die Grundannahme, dass es „den“ Islam gebe, problematisch, da der Islam eine Vielzahl von Ausprägungen kennt. Vonseiten mancher Muslime wird dann, wenn es um Islamismus, muslimischen Antisemitismus oder den sogenannten „politischen Islam“ geht, betont, dass es eben nicht den einen Islam gebe und man daher differenzieren müsse. Alternativ wird bisweilen argumentiert, all diese Dinge hätten mit dem „echten“ Islam nichts zu tun. Progressive, aber eben auch fundamentalistische Muslime berufen sich auf den Islam, den Koran und die übrigen autoritativen Schriften wie die Sunna und Hadithe. Dass heilige Schriften und bestimmte Auslegungstraditionen grundsätzlich ambivalent sind und sich verschiedentlich, ja gegensätzlich deuten lassen können, ist ein Phänomen, von dem alle Religionen betroffen sind. Es ist nicht zielführend, wenn Gesellschaft und Politik sich in innerislamische, theologische und oftmals spekulative Diskurse einmischen. Statt zu fragen, ob „der“ Islam zu Deutschland gehört, scheint es mir angemessener zu fragen, welche Ausprägungen des Islams mit den Grundwerten unserer demokratischen und offenen Gesellschaft vereinbar sind – und welche nicht. Die einzig plausible Orientierungsgröße ist dabei der real existierende und zweifellos vielfältige Islam, so wie er sich konkret in Deutschland zeigt. Dabei ist klar: Auch die Religionsfreiheit gilt niemals schrankenlos, sondern nur soweit sie nicht die Grundregeln unseres gesellschaftlichen Zusammenhaltes bedroht.

Die Türkisch-Islamische Union der Anstalt für Religion e. V., besser bekannt unter dem Namen DITIB, die mit über 900 Mitgliedsvereinen zu den größten muslimischen Organisationen in Deutschland gehört, verdient hier eine nähere Beachtung. Abgesehen von der überaus problematischen Konstellation, dass DITIB direkt dem staatlichen Präsidium für religiöse Angelegenheiten in der Türkei und damit dem türkischen Präsidenten untersteht, sind auch hinsichtlich der von DITIB vertretenen inhaltlichen Positionen Bedenken anzumelden: Sei es im Hinblick auf die Verherrlichung des Märtyrertodes in Publikationen[109], die sich an Kinder richteten (und schließlich dazu führten, dass das Land NRW die Zusammenarbeit mit DITIB im Präventionsprogramm „Wegweiser“ gegen islamischen Extremismus beendete)[110], antisemitische Publikationen auf DITIB-Internetseiten, die Leugnung des Völkermordes an den Armeniern[111] oder verfassungsfeindliche nationalistisch-religiöse Aktivitäten im Zusammenhang mit der türkischen

Militäroperation im nordsyrischen Afrin (so eine Stellungnahme des Bundesamtes für Verfassungsschutz).[112]

Neben DITIB ist auch die Millî-Görüş-Bewegung zu nennen, die – so das Bundesamt für Verfassungsschutz in seinem Bericht 2009 – ein antidemokratisches Staatsverständnis habe und westliche Demokratien ablehne.[113] Ähnliches gilt für den deutschen Ableger der Muslimbruderschaft, die Deutsche Muslimische Gemeinschaft (vormals Islamische Gemeinschaft Deutschland)[114] und das Islamische Zentrum Hamburg, das regelmäßig an der jährlichen antisemitischen Al-Quds-Demonstration teilnimmt und vom Verfassungsschutz als Instrument der iranischen Staatsführung eingestuft wurde.[115]

Dass ein muslimisches Bekenntnis ein Integrationshindernis sein kann, lässt sich ablesen an einer Studie des Wissenschaftszentrums Berlin für Sozialforschung, das in einer Erhebung zu dem Schluss kam, dass 60 Prozent der Deutschtürken eine negative Meinung über Juden, Atheisten und vom Glauben Abgefallene haben.[116] Wenn diese Zahlen zutreffen, lässt sich schwerlich argumentieren, dass es sich bei den genannten Meinungen um vereinzelte Abweichungen handelt. Zugleich müssen wir auch festhalten, dass es in Deutschland durchaus Beispiele für einen toleranten, pro-demokratischen und pluralismuskompatiblen Islam gibt: Zu nennen ist hier etwa der Liberal-Islamische Bund oder die Ibn-Rushd-Goethe-Moschee in Berlin, in der etwa Frauen und Männer verschiedener islamischer Konfessionen gemeinsam beten, Predigten von Frauen gehalten werden können und Homosexuelle ausdrücklich willkommen sind. Zur Wahrheit gehört auch hier, dass diese Initiativen teilweise erhebliche Anfeindungen durch Muslime in Deutschland und im Ausland erlebten.

Wenngleich also die Frage, ob der Islam zu Deutschland gehöre, nicht bejaht werden kann, so ist völlig unzweifelhaft, dass muslimische Bürger selbstverständlich so zu Deutschland gehören, wie es jeder andere Staatsbürger unabhängig von seinem religiösen Bekenntnis auch tut. Der Staat hat nicht die Aufgabe, sich in innertheologische Debatten einzumischen, und kann nicht dazu auffordern, dass sich bestimmte Ausprägungen des Islams reformieren oder modernisieren. Diesen Prozess können nur Muslime selbst bewirken, weil es sich bei der Frage nach der theologischen Begründung von Werten um eine unmittelbare Anfrage an den Glauben handelt. Es ist notwendig, die Unvereinbarkeiten zwischen bestimmten Erscheinungsformen des Islams und den Grundwerten unserer Gesellschaftsordnung offen zu benennen. Zugleich ist es aber völlig inakzeptabel, wenn etwa Rechtspopulisten suggerieren, Muslime seien aufgrund ihrer Religion oder – sofern sie einen Migrationshintergrund haben – aufgrund ihrer Herkunft nicht gleichberechtigte Bürger unserer Gesellschaft. Das bedeutet etwa, dass Muslime hier in Deutschland Religionsfreiheit in dem gleichen Maße genießen, wie es auch andere, beispielsweise christliche Religionsgemeinschaften tun. Es ist daher albern, wenn darüber diskutiert wird, ob Musliminnen in der Öffentlichkeit ihr Kopftuch tragen dürfen: Natürlich dürfen sie das! Gleiches gilt selbstredend auch für andere religiöse Kleidungsstücke und Kopfbedeckungen, etwa die von Juden getragenen Kippot. Unser Verständnis von Religionsfreiheit zeichnet sich ja gerade dadurch aus, dass Menschen, die sich einer bestimmten Religion zugehörig fühlen, sich als solche auch in der Öffentlichkeit zu erkennen geben dürfen. Die Zugehörigkeit zu einer Religion (oder auch die Abwesenheit einer solchen Zugehörigkeit) ist nicht entscheidend für die Frage, ob jemand „dazugehört“. Von niemandem wird verlangt, dass er seine religiöse Grundentscheidung ändert und seinen Glauben versteckt. Entscheidend ist vielmehr, ob er sich an Recht und Gesetz hält und das Grundgesetz achtet. Dazu gehört freilich auch, dass Repräsentanten des Staates dort, wo es das Gesetz als Ausdruck der weltanschaulichen Neutralität des Staates vorsieht, auf das Tragen religiöser Kleidung verzichten.

Hier kommt es auch darauf an, dass wir für unser politisches System und die Werte, die ihm zugrunde liegen, engagiert werben. Die Religionsfreiheit und die Gleichheit aller vor dem Gesetz kommt auch allen zugute. Dort, wo der Islam entweder Staats- oder zumindest Mehrheitsreligion ist, werden oftmals auch andere Ausprägungen des Islams unterdrückt. Im mehrheitlich schiitischen Iran werden Sunniten nicht selten als Bürger zweiter Klasse behandelt, in Saudi-Arabien wiederum werden Schiiten von der sunnitischen Führung diskriminiert, der Spionage beschuldigt und hingerichtet. Auf Mitglieder der Ahmadiyya kam es in Pakistan – wo sie laut Verfassung nicht als Muslime gelten – immer wieder zu brutalen Übergriffen. Die Religionsfreiheit von Muslimen ist also ausgerechnet in vielen islamischen Staaten nicht im Ansatz gewährleistet. Während viele islamische Staaten also de facto Anhänger bestimmter konfessioneller Ausprägungen des Islams nicht als gleichberechtigte Bürger betrachten, gilt für Deutschland: Muslime – egal welcher Konfession oder Ausprägung des Islams sie sich verbunden fühlen – gehören gleichermaßen zu Deutschland. Die in Deutschland gewährleistete Religionsfreiheit ermöglicht vielen Menschen erst, ihren Glauben frei, offen und in Sicherheit zu praktizieren, und bietet somit ein starkes Identifikationspotenzial für Muslime.

Um aus einem Nebeneinander von Religionen auch ein Miteinander zu formen, bedarf es des interreligiösen Dialogs. Der Sinn eines solchen Dialogs ist nicht in erster Linie, theologische Streitfragen auszudiskutieren oder sich nur auf vermeintliche Gemeinsamkeiten zu konzentrieren, sondern Vorurteile abzubauen, Andersgläubige in ihrer menschlichen Vielfalt zu erleben und religiöse Pluralität wertzuschätzen. So sehr also für mich feststeht, dass der Islam nicht zu Deutschland gehört, so sehr kann es doch keinen Zweifel daran geben, dass es die Religionsfreiheit sehr wohl tut. Für diesen Dialog hat die Evangelische Kirche in Deutschland mit ihrer Handreichung zu Grundfragen des Zusammenlebens mit Muslimen einen hilfreichen Beitrag geleistet. Der Titel der Schrift, *Klarheit und gute Nachbarschaft. Christen und Muslime in Deutschland*[117], bringt bereits treffend zum Ausdruck, was einen gelingenden Dialog ausmacht:

> *„Sie [gemeint ist die Handreichung; Anmerkung des Verfassers] geht vom Respekt für den Glauben und die Überzeugungen von Muslimen aus. Doch Überzeugungen, auch Glaubensüberzeugungen, können es nicht rechtfertigen, dass man anderen den Respekt versagt, grundlegende Menschenrechte in Frage stellt und die Achtung der eigenen Überzeugung durch Einschüchterung, Drohung oder Gewaltanwendung einfordert. Der Respekt vor dem Glauben anderer schließt ein, dass man kritische Rückfragen stellt und auch selbst bereit ist, sich solchen Rückfragen auszusetzen.“*[118]

Das gute Miteinander, das das Ziel jeglicher Integration sein muss, kann nicht anders als im Modus der respektvollen Klarheit gelingen. Wo aus weltanschaulichen Gründen jenes Wertegefüge, das unsere freie Gesellschaft zusammenhält, infrage gestellt oder gar angegriffen wird, muss dies auch in Respekt für das Gegenüber zur Sprache gebracht werden können.

Bildung

Die Gottebenbildlichkeit des Menschen ernst nehmen heißt, seine Unverfügbarkeit zu achten. Eine Bildungspolitik, die sich am Christlichen Menschenbild ausrichtet, will mehr als nur „nützliche“ Bürger heranzuziehen. Der Regensburger Bischof Johann Michael Sailer brachte dieses Ideal bereits im 18. Jahrhundert auf den Punkt:

> *„Die Erziehung ist so rein von aller Selbstsucht, dass sie den Zögling aus dem Zögling, nicht aus dem Erzieher entwickeln, und durch Entwicklung nur das Göttliche – nicht sich selbst verherrlichen will.“*[119]

Bildung hat nicht nur die Funktion, junge Menschen mit Wissen und Fähigkeiten auszustatten, die gesellschaftlich erwünscht oder nützlich für die Allgemeinheit sind. Vielmehr ist ihre primäre Funktion, junge Menschen zur Freiheit zu befähigen. Während in der griechischen Antike, also etwa bei Aristoteles, für Sklaven und Frauen keine Bildung, sondern bestenfalls Ausbildung vorgesehen war, entfaltete das im Christlichen Menschenbild gegründete Bildungsideal soziale Konsequenzen. Wenn alle Menschen Ebenbild Gottes sind, wenn sie alle unabhängig von ihrer Herkunft, ihrem sozialen Status oder ihrem Geschlecht gleich an Würde sind, lässt sich ein Ausschluss von Bildung nicht rechtfertigen. Hieraus ergibt sich auch ein politischer Auftrag. Der Zugang zu Bildung muss allen grundsätzlich ermöglicht werden. Dass Bildungschancen in hohem Maße durch die soziale Herkunft bestimmt werden, ist kein akzeptabler Zustand. Eine Politik, die sich am Christlichen Menschenbild orientiert und im Sinne des Personalitätsprinzips zu einer eigenverantwortlichen Lebensgestaltung befähigen will, muss sich für ein durchlässiges Bildungssystem einsetzen, das gesellschaftliche und soziale Ungleichheiten nicht reproduziert, sondern überwindet. Gerade weil der Mensch nicht darin aufgeht, Produkt der Gesellschaft zu sein, darf soziale Herkunft nicht die Bildungschancen und Zukunftsperspektiven eines Menschen bestimmen.

Europa

> *„Die Einheit Europas war ein Traum von Wenigen. Sie wurde eine Hoffnung für Viele. Sie ist heute eine Notwendigkeit für uns alle." (Konrad Adenauer, 1954[120])*

Das Friedensprojekt Europa hat die längste Zeit friedlichen Miteinanders seit dem Dreißigjährigen Krieg ermöglicht. Darüber hinaus hat der europäische Einigungsprozess nicht nur den Rahmen für das ökonomische Wiedererstarken Deutschlands geschaffen, sondern auch Wohlstand auf dem gesamten europäischen Kontinent ermöglicht. Angesichts der Erfolgsgeschichte der Europäischen Union war es bis vor wenigen Jahren undenkbar, dass die Europäische Union grundsätzlich infrage gestellt oder gar abgelehnt wird. Doch genau dies erleben wir derzeit. Während der Ausgang des EU-Mitgliedschaftsreferendums im Vereinigten Königreich 2016, in dem sich knapp 52 Prozent für einen Austritt aus der EU aussprachen, sicher das deutlichste Symptom einer zunehmenden Skepsis gegenüber der EU ist, haben sich EU-skeptische Stimmen unverhohlen auch in anderen Ländern Europas erhoben. In Deutschland sprechen Rechtspopulisten davon, dass mit den Verträgen von Schengen, Maastricht und Lissabon die

Volkssouveränität ausgehöhlt würde, und brachten zeitweise einen „Dexit“, also einen Austritt Deutschlands aus der EU, ins Gespräch. Auch in Ungarn, Frankreich, den Niederlanden, Polen und Österreich haben sich verstärkt EU-kritische Stimmen zu Wort gemeldet. Die Skepsis gegenüber den Institutionen der Europäischen Union nimmt dabei verschiedene Schattierungen an. Während mancherorts das Projekt Europa bereits im Kontext der Wirtschafts- und Finanzkrise sowie der Stabilisierung Griechenlands infrage gestellt wurde, spielte anderenorts die „Flüchtlingskrise“ ab 2015 und der von Populisten behauptete Verlust über die Kontrolle eigener Grenzen eine maßgebliche Rolle. Auch überzeugte Pro-Europäer müssen angesichts der grassierenden EU-Skepsis zu dem Schluss kommen, dass die Europäische Union sich in einer Krise befindet und längst kein Konsens mehr über die Notwendigkeit der Einheit Europas besteht.

Bis zur Mitte des Jahrhunderts wird Europa nur noch sechs Prozent der Weltbevölkerung umfassen, entsprechend wird auch der europäische Anteil am Weltsozialprodukt sinken. Um seinen Bürgern, ihren Interessen und Bedürfnissen auf der weltpolitischen Bühne weiterhin Gehör zu verschaffen, muss Europa zusammenstehen. Es ist also in unserem ureigenen Interesse, Nationalstaat und Europäische Union nicht gegeneinander auszuspielen und das Narrativ von Souveränitätsverlust und vermeintlicher Bevormundung aus Brüssel entschieden zurückzuweisen. Ein geeintes Europa nimmt uns nicht Souveränität, sondern ermöglicht es uns, weltpolitisch souverän zu sein und gehört zu werden.

Angesichts der europaskeptischen Stimmen, die sich in zahlreichen Ländern Europas zu Wort melden, müssen wir – um das Projekt Europa zukunftsfähig zu machen – den Geist europäischer Gemeinsamkeit neu entdecken und davon auch erzählen. Das bedeutet einerseits, nicht müde zu werden, die Erfolgsgeschichte Europas, das uns Frieden und Wohlstand gebracht hat, zu erzählen. Es bedeutet aber vor allem auch, zur Sprache zu bringen, dass die Europäische Union nicht nur Instrument wirtschaftlichen Fortschritts, sondern eine Wertegemeinschaft ist. Eine 2010 durchgeführte Eurobarometer-Umfrage nahm sich der Thematik „EU als Wertegemeinschaft" an.[121] Menschenrechte und Demokratie wurden dabei als jene Werte benannt, die die EU am besten repräsentieren. Die Werte, auf denen die Europäische Union gegründet ist, sind in Artikel 2 des Vertrages über die Europäische Union explizit genannt:

> *„Die Werte, auf die sich die Union gründet, sind die Achtung der Menschenwürde, Freiheit, Demokratie, Gleichheit, Rechtsstaatlichkeit und die Wahrung der Menschenrechte einschließlich der Rechte der Personen, die Minderheiten angehören. Diese Werte sind allen Mitgliedstaaten in einer Gesellschaft gemeinsam, die sich durch Pluralismus, Nichtdiskriminierung, Toleranz, Gerechtigkeit, Solidarität und die Gleichheit von Frauen und Männern auszeichnet."*[122]

In all ihrem Handeln ist die Europäische Union diesem Wertefundament verpflichtet. Das Ziel der Europäischen Union – so präzisiert es Artikel 3 des gleichen Vertrages – ist es, „*den Frieden, ihre Werte und das Wohlergehen ihrer Völker*" zu fördern. Konrad Adenauer sagte 1951:

> *„Der Prozess der Integration und der Bildung größerer Völkergemeinschaften dient der Erhaltung der abendländisch-christlichen Werte, die unserem Leben einen Sinn geben. Er dient weiter dem sozialen Fortschritt und der materiellen Wohlfahrt, die in der demokratischen Welt nicht im Gegensatz, sondern im Einklang*

mit der Freiheit der Person und der Völker verwirklicht werden können.“[123]

Für den europäischen Zusammenhalt ist es unerlässlich, dass wir uns klarmachen, dass Europa eine Wertegemeinschaft ist. Die Werte dieser Gemeinschaft, so formuliert es der Vertrag von Lissabon auch selbst in seiner Präambel, werden geschöpft aus „*dem kulturellen, religiösen und humanistischen Erbe Europas*“[124]. Damit die gefährliche Saat der Spaltung europaskeptischer Populismen nicht aufgeht, müssen wir den Geist der Gemeinsamkeit stärken und für die Werte, auf die sich die Europäische Union gründet, werben und den Bürgerinnen und Bürgern der EU eine Identifikation mit ihnen ermöglichen. Rechtspopulisten beziehen sich in ihrer Rhetorik immer wieder auf Identität, und zwar meist so, als würde die EU nationale, kulturelle oder religiöse Identitäten überschreiben. Jedoch ermöglicht gerade der durch gemeinsame Werte gesetzte Rahmen die vielschichtige Gleichzeitigkeit von Identitäten. Eine große Chance der im Vertrag von Lissabon genannten Werte, die nicht nur, aber auch maßgeblich durch eine christliche Tradition des Denkens geprägt sind, liegt darin, dass sie nicht im Gegensatz, sondern im Einklang mit dem sozialen Fortschritt und Wohlstand stehen. Es gibt also guten Grund, sich für Europa einzusetzen. Wir dürfen das Feld hier nicht den Spaltern überlassen.

Politisch werden der Zusammenhalt und die gegenseitige Solidarität der EU-Mitgliedstaaten etwa durch Migration und die Tausenden von Menschen, die auf dem Weg nach Europa im Mittelmeer ihren Tod fanden, herausgefordert. Weil die Europäische Union auf dem gemeinsamen Wert der Achtung der Menschenwürde gegründet ist, ist völlig unbestreitbar, dass die Seenotrettung für die Mitgliedstaaten der EU ein moralischer

Imperativ ist. In einer Staatengemeinschaft, die ihre Werte aus der jüdisch-christlichen Tradition schöpft, muss klar sein, dass wir Menschen nicht dem Tod durch Ertrinken im Mittelmeer überlassen dürfen. Auch wenn sich nicht restlos ausschließen lässt, dass es Pull-Faktoren gibt, legen Studien nahe, dass die Seenotrettung nicht dazu führt, dass noch mehr Menschen den riskanten Weg über das Mittelmeer auf sich nehmen.[125] Zu glauben, man könne durch das Aussetzen und Kriminalisieren der Seenotrettung eine Abnahme an Flüchtlingen auf dem Mittelmeer herbeiführen, ist zu einfach gedacht. Migration und Flucht haben eine Vielzahl von Gründen und Ursachen. Wir sollten an den völlig außer Zweifel stehenden Push-Faktoren ansetzen: die oftmals verheerende, von Krieg und Unsicherheit geprägte Lage im Herkunftsland, aber auch die menschenrechtlich inakzeptable Situation in Libyen. Die Zahlen derjenigen, die den Weg nach Europa über die zentrale Mittelmeerroute – der gefährlichsten Meerquerung der Welt[126] – suchen, ist stark rückläufig. Während es im Jahr 2015 aufgrund der starken Fluchtbewegungen aus dem Nahen Osten etwa eine Million Ankünfte im Mittelmeerraum zu verzeichnen gab, waren es 2016 nur noch 373.700, 2017 noch 185.100 und 2018 lediglich 141.500. Im Jahr 2019 waren es bis Juni 22.800 Schutzsuchende, von denen 10.466 durch die libysche Küstenwache gerettet oder aufgehalten und nach Libyen zurückgebracht wurden. Während die Zahl der Schutzsuchenden auf dem Mittelmeer kontinuierlich sinkt, steigt zugleich der Anteil derer, die im Mittelmeer ihr Leben verlieren. Bis November 2019 sind von den 79.889 Schutzsuchenden im Mittelmeer 1089 gestorben, also etwa einer von 77 Schutzsuchenden.[127] Die Aussetzung und Kriminalisierung der Seenotrettung führen also nicht zu einer Abnahme, sondern einer relativen

Zunahme an Toten im Mittelmeer. Die Mitgliedstaaten der Europäischen Union tun gut daran, sich auf ihr Wertefundament zu besinnen, nationale Egoismen zu überwinden und die entsetzliche Realität Schutzsuchender auf dem Mittelmeer ernst zu nehmen. Das bedeutet zunächst, dass sich die EU-Mitgliedstaaten auf einen verlässlichen und klaren Mechanismus zur Ausschiffung (das Von-Bord-Lassen der Geretteten) und einen Verteilungsschlüssel für diejenigen verständigen müssen, die einen Anspruch auf Schutz haben. Nur durch klare, gemeinsame und solidarische Regeln lässt sich sodann auch vermeiden, über jedes Schiff mit aus Seenot geretteten Personen erneut diskutieren zu müssen. Wer glaubt, man könne allein durch eine Unterbindung der Seenotrettung auch erreichen, dass Menschen nicht mehr über das Mittelmeer zu uns fliehen, wettet auf Menschenleben. Eine solche Wette kann sich Europa vor dem Hintergrund der Werte, auf die es gegründet ist, nicht erlauben. Anstatt die private Seenotrettung zu diskreditieren und zu kriminalisieren, sollten die EU-Mitgliedstaaten die Kapazität zur Seenotrettung im Mittelmeer erhöhen, auch unter Einbindung privater Initiativen und NGOs. Das Wertegefüge Europas verliert irreparabel an Glaubwürdigkeit, wenn es nicht gelingt, hier eine tragfähige, solidarische und der Würde des Menschen als Ebenbildes Gottes entsprechende Lösung zu finden.

Außenpolitik

Oft wird behauptet, Außenpolitik sei entweder interessen- oder wertegeleitet. Dabei wird vorausgesetzt, dass ein grundsätzlicher Widerspruch zwischen beiden besteht. Das Christliche Menschenbild ist aus meiner Sicht ein tragfähiges Leitbild deutscher Außenpolitik. Mit Leitbild meine ich eine grundsätzliche Orientierungsgröße, keine Ideologie. Eine Ideologie würde beanspruchen, alleiniger Maßstab des Handelns zu sein. Das Christliche Menschenbild hingegen wird der Realität gerecht, dass Politik – insbesondere auch Außenpolitik – immer interdependent und auf Kompromisse angewiesen ist und dem Machbaren oft Grenzen gesetzt sind. Entscheidungen sind in der Politik immer Ergebnisse von Abwägungen sehr unterschiedlicher, manchmal auch konkurrierender Faktoren. So zeichnet sich ein Spannungsfeld ab zwischen Interessen, Werten und den zur Verfügung stehenden Mitteln, die immer in Beziehung zueinander gesetzt werden müssen. Es wäre ein Irrtum zu glauben, mit dem Leitbild „wertegeleiteter Außenpolitik" könne man diese notwendige Abwägung umgehen. Jede Situation, die außenpolitisches Handeln erfordert, verlangt zuerst eine Analyse und dann eine Diskussion, welche Ziele überhaupt erreicht werden sollen und welche Maßnahmen hierfür angemessen und geeignet sind. Das Leitbild des Christlichen Menschenbildes alleine ist keine Garantie, ethisch beziehungsweise moralisch immer das Richtige zu tun. Wir wissen um die Begrenztheit des Menschen, seine Anfälligkeit für Fehler, um seine Neigung, zuerst an sich selbst und dann an andere zu denken. Angesichts dessen sollten wir uns vor einer zu starken Moralisierung der Außenpolitik hüten. Wo moralische Ansprüche über die Grenzen des Möglichen hinausgehen, besteht die Gefahr, dass Politik handlungsunfähig wird. Aber wir können nicht einfach ignorieren, dass wir als Menschen, als Politiker, als Staat auch unter einem moralischen Anspruch stehen, zu dem wir uns angemessen verhalten müssen. Die Ausrichtung an einem klaren Wertefundament kann in solchen Abwägungsprozessen dabei helfen, die den Umständen entsprechend richtige Entscheidung zu finden, ohne diese einfach vorzugeben.

Aus meiner Sicht ist es ein verbreiteter Irrtum anzunehmen, dass es einen kategorischen Gegensatz zwischen Interessen auf der einen und Werten auf der anderen Seite gibt. Oft wird in diesem Zusammenhang etwa unterstellt, Moral sei ein Luxusgut, das sich Staaten nur leisten könnten, weil andere es nicht tun und bereit sind, sich die Finger durch humanitäre Interventionen und Militäroperationen schmutzig zu machen. Anhänger dieser These sprechen sodann häufig von Realpolitik, ganz so, als sei eine an Werten ausgerichtete Außenpolitik nur realitätsferne Träumerei. Eine derartige außenpolitische Grundhaltung diskreditiert außenpolitisches Eintreten für Menschenrechte als Schaufensterpolitik. Den komplexen Entscheidungs- und Ausrichtungsprozessen der Außenpolitik wird ein Dualismus zwischen Werten und Interessen nicht gerecht. Anstatt einen grundsätzlichen Gegensatz zwischen beiden zu behaupten, wäre zunächst inhaltlich zu klären, welche Werte und welche Interessen in unserer Außenpolitik eigentlich zum Tragen kommen sollen und wie sich ihr Verhältnis zueinander konkreter bestimmen lässt.

Wenn ich mich dafür ausspreche, dass das Christliche Menschenbild Orientierung in der Außenpolitik bietet, dann ist dabei vor allem die jüdisch-christliche Vorstellung der Ebenbildlichkeit maßgebend, in der sich ausdrückt, dass jeder Mensch mit einer unantastbaren Würde ausgestattet ist. Die Abgründe, die sich auftun, wenn Menschen entmenschlicht werden und ihnen ihre Würde abgesprochen wird, sind in unserer Geschichte nicht zu übersehen.

Neben der Ebenbildlichkeit ist ein zweiter Gedanke wesentlich für das Leitbild des Christlichen Menschenbildes: Der Mensch ist zur Freiheit berufen. Daraus folgt, dass wir als Menschen immer wieder mit

Entscheidungssituationen konfrontiert sind und dass wir wählen müssen. Als vernunftbegabte Wesen sind wir auch dazu in der Lage, uns wirklich zu entscheiden; zugleich sind wir auch verantwortlich für die Entscheidungen, die wir getroffen haben. Der Preis der Freiheit ist dabei stets, dass Menschen auch das Schlechte, das Falsche, ja das Böse wählen können. Zwar wird es der Welt nicht gerecht, sie einfach in gut und böse unterteilen zu wollen. Ebenso wenig wird es ihr gerecht, das Böse grundsätzlich zu leugnen und in einen moralischen Relativismus aufzulösen. Dass es indiskutabel Böses gibt, ist nicht nur aus der von Kriegen und Genoziden durchsetzten Geschichte des 20. Jahrhunderts ersichtlich. Es zeigte sich auch in der jüngsten Vergangenheit, ja in unserer Gegenwart, wenn etwa der selbst ernannte Islamische Staat systematisch von sexueller Gewalt gegen Frauen und Mädchen Gebrauch macht, Männer und Jungen aufgrund ihrer Religion hinrichtet und Kinder als Soldaten zwangsrekrutiert. Die Relevanz der Kategorien von Gut und Böse kann angesichts solcher Entmenschlichungen nicht sinnvoll bestritten werden.

Ein zentrales Ziel in unserer Außenpolitik ist eine Weltordnung, die auf zwei zentralen Werten beruht: Die unverletzliche Würde des Einzelnen und ein Grundmaß an garantierter, persönlicher Freiheit. Wir müssen durch unsere Außenpolitik zu einer Weltordnung beitragen, in der die Menschenrechte nicht nur die Verfasstheit der Staaten bestimmen, sondern sich Staaten auch tatsächlich den Menschenrechten verpflichtet fühlen. Damit die Würde des Menschen auch wirklich Beachtung findet, müssen die in ihr gründenden Menschenrechte auch in der Form von konkretem Recht implementiert und geachtet werden. Insofern muss eine wirksame

Menschenrechtspolitik wesentlicher Bestandteil unserer Außenpolitik sein. Damit sie wirksam ist, sind wir auf Instrumente angewiesen, denn die Erfahrung zeigt: Moralische Appelle alleine reichen in der Regel nicht aus, um wirkliche Veränderungen zu bewirken. Deswegen braucht es Abkommen, Konventionen und Erklärungen, die einen echten Verpflichtungscharakter haben. Es ist wichtig, an dieser Stelle zu betonen, dass eine am Christlichen Menschenbild ausgerichtete Außenpolitik gerade nicht bestrebt ist, den Menschen zu „reformieren" oder einen „neuen Menschen" zu schaffen, sondern die Strukturen, in denen Menschen leben, so zu gestalten, dass sie ihm entsprechen. Hierin zeigt sich, dass eine wertegeleitete Politik Realpolitik ist, weil sie dem Menschen entsprechende Strukturen fordert und nicht umgekehrt den Strukturen entsprechende Menschen.

Wenn wir also eine Weltordnung anstreben, die auf universellen Menschenrechten basiert, dann gehen wir zugleich davon aus, dass es jedem Staat – aber vor allem auch seinen Bürgern – zum Vorteil gereichen würde, Menschenrechte zu verwirklichen. Sie bilden eine notwendige Bedingung für eine lebendige Zivilgesellschaft und tragen erheblich zu Stabilität und Frieden bei. Es zeigt sich, dass interessen- und wertegeleitete Politik nicht zwingend ein Gegensatz ist, sondern sich überschneiden können. Stabilität und Frieden können nicht besser garantiert werden als durch eine echte Implementierung der Menschenrechte. Wir hatten bereits gesehen, dass die Allgemeine Erklärung der Menschenrechte das Ergebnis kulturübergreifender Zusammenarbeit ist. Im Westen hat das Christentum Freiheit und Recht als politischen Institutionen zweifellos ein neues moralisches Fundament verliehen. Aber gerade weil es sich bei

Menschenrechten nicht um ein ausschließlich westliches Konzept handelt, sind sie kulturübergreifend anschlussfähig und bilden den normativen Referenzrahmen für internationale Politik.

Doch wie müssen wir uns angesichts der Realität, dass Menschenrechte weit von der Erlangung weltweiter, universeller Anerkennung entfernt sind, verhalten? Christdemokratische Außenpolitik findet sich nicht einfach mit den Spaltungen ab, die sich weltweit im Hinblick auf die Einhaltung der Menschenrechte beobachten lassen, sondern will sie überwinden und Brücken der Freiheit bauen. Dies gelingt nicht durch Werterelativismus und einseitige Anbiederung an diejenigen Staaten, die Menschenrechte systematisch missachten. Weit mehr Erfolg verspricht das Eintreten für ein stabiles, geteiltes Wertefundament, wie es ideell in der Allgemeinen Erklärung der Menschenrechte grundgelegt und im Internationalen Pakt über bürgerliche und politische Rechte verbindlich ausformuliert ist. Doch wie bauen wir diese Brücken der Freiheit? Indem wir überzeugend vorleben, dass eine politische Ordnung, die Menschenrechte verwirklicht, tatsächlich dem Menschen dient und dass sie nicht nur kein Hindernis, sondern Bedingung politischer Stabilität, wirtschaftlichen Wachstums und Wohlstands sind. Wo wir von anderen die Achtung der Menschenrechte fordern, müssen wir sie auch selbst einhalten, um unsere Glaubwürdigkeit nicht aufs Spiel zu setzen. Auch deshalb waren das Gefangenenlager in Guantánamo oder die Folterungen in Abu-Ghuraib ein erhebliches Problem für die Menschenrechtspolitik des Westens. Sie sind zu Symbolen geworden, die unser Eintreten für Menschenrechte nachhaltig erschütterten und Glaubwürdigkeit verspielten.

Ein weiterer Weg, Brücken der Freiheit zu bauen, ist Überzeugungsarbeit: Ein beständiges Gespräch mit anderen Staaten über die Menschenrechtslage ist hier von großer Bedeutung. Es war ein wichtiges Zeichen, dass die Bundeskanzlerin den Menschenrechtsdialog zu einem festen Bestandteil ihrer außenpolitischen Reisen gemacht und sich beispielsweise bereits bei ihrem ersten Besuch in Moskau auch mit Oppositionellen und Menschenrechtlern getroffen hat.

Doch Gespräche alleine reichen oftmals nicht aus. In letzter Konsequenz können wir auch mithilfe wirtschaftlichen Drucks gegen grobe Menschenrechtsverletzungen vorgehen. Der Umgang mit dem Apartheidsregime in Südafrika, in dem sich wirtschaftlicher Druck und Sanktionen als zielführend erwiesen, kann als eindrückliches Beispiel hierfür gelten.

Wertegeleitete Außenpolitik darf nicht als moralischer Rigorismus missverstanden werden. Die Verweigerung des Dialogs mit Staaten, die im Hinblick auf Rechtsstaatlichkeit, Pressefreiheit, richterliche Unabhängigkeit, Demokratie und Menschenrechte Defizite aufweisen, ist auch im Hinblick auf die Durchsetzung der Menschenrechte selbst nicht zielführend. Alleine auf Empörung und Belehrung zu setzen, kann Fronten verhärten und genau jenes politische Gewicht verspielen, auf das man zur praktischen Durchsetzung konkreter Veränderungen eigentlich angewiesen ist. Natürlich darf es niemals darum gehen, die eigenen Überzeugungen und Werte aus einem pragmatischen Kalkül heraus zu verleugnen. Empörung alleine erzielt meist nur bedingt Effekte. Eine Außenpolitik, die von den Werten der Würde und Freiheit des Menschen geprägt ist und ihr Handeln im Hinblick auf die Konsequenzen dieses Handelns bewertet, steht vor der großen Herausforderung, schwerwiegende Menschenrechtsverletzungen an vielen Orten der Welt deutlich anzusprechen und zugleich wirkliche Veränderungen für Betroffene – und nicht etwa nur einen ideellen Gesinnungswandel – zu bewirken. Das Christliche Menschenbild setzt auf moralische Politik, nicht politischen Moralismus.

Entwicklungshilfe und wirtschaftliche Zusammenarbeit

Zu Recht ist der Begriff der Entwicklungshilfe im politischen Sprachgebrauch dem Begriff der Entwicklungszusammenarbeit gewichen. Dieser drückt besser aus, worum es eigentlich geht: Ein partnerschaftliches Miteinander von Gebern und Empfängern. Zugleich schlägt sich im Begriff der Entwicklungszusammenarbeit nieder, dass nicht nur die Länder der „Ersten Welt", sondern alle verpflichtet sind, sich um eine Entwicklung – etwa im Sinne der 17 UN-Ziele für Nachhaltige Entwicklung – zu bemühen. Ungefähr 80 Prozent der Weltbevölkerung fühlen sich einer Religion zugehörig. Einerseits bildet die Liebe zum Nächsten, die Hilfe für Schwache und die Nähe zu den Armen in vielen Religionsgemeinschaften den Kern ihrer Überzeugung. Andererseits können wir nicht übersehen, dass im Namen der Religion auch heute vielen Menschen Leid zugefügt wird. Mit der Formel *religion matters* wurde die in den letzten Jahren gewachsene Einsicht zur Sprache gebracht, dass Religion gerade im Bereich der wirtschaftlichen Zusammenarbeit und Entwicklung eine wichtige Rolle spielt. Zunächst gründet diese Einsicht ebenfalls im Christlichen Menschenbild, das den Menschen in seiner Ganzheit ernst nimmt. Hierzu gehört die Perspektive, die Einzelne und

Gemeinschaften auf die Welt haben – religiöse und kulturelle Überlieferungen sind immer prägender Bestandteil einer Gesellschaft. Das gilt im doppelten Sinne: Insbesondere Religionen können als Katalysatoren gesellschaftlicher Entwicklungen fungieren, sie können aber auch Entwicklungsprozesse hemmen; sie können einen entscheidenden Beitrag zum Frieden leisten, sie können diesen aber auch erschweren. Ohne eine Beteiligung der Religionsgemeinschaften und ihren Institutionen ist es in vielen Regionen der Welt unmöglich, beispielsweise nachhaltigen Lebensstilen und Handlungsweisen eine tragfähige gesellschaftliche Basis zu verleihen.

Etwa 50 Prozent der Leistungen im Gesundheits- und Bildungsbereich werden in den Ländern Subsahara-Afrikas von religiösen Organisationen getragen.[128] Es ist also nicht nur vor dem Hintergrund des Christlichen Menschenbildes, das den Menschen mit seinen Sinnhorizonten ernst nehmen will, angemessen, Religion als Faktor in der Entwicklungszusammenarbeit zu berücksichtigen, sondern auch praktisch unerlässlich. Angesichts der globalen Herausforderung der Nachhaltigkeit wird klar, dass es hier einer gemeinsamen Wertebasis bedarf. Religion kann allerdings auch zur Verschärfung von Konflikten beitragen – sei es, weil religiöse Gründe für die Diskriminierung Andersgläubiger angeführt werden oder weil der Zugang zu bestimmten Leistungen, etwa Bildung, an die Zugehörigkeit zu einer bestimmten Glaubensgemeinschaft geknüpft ist. Die Förderung eines interreligiösen Dialogs, der Vorurteile abbaut, deeskaliert und die Wertschätzung kultureller und religiöser Vielfalt vermittelt, muss daher fester Bestandteil langfristiger entwicklungspolitischer Strategien sein. Wir hatten bereits gesehen, dass der Staat zwar weltanschaulich neutral, aber keineswegs wertneutral ist. Auf der Basis dieses Selbstverständnisses dürfen wir in der Entwicklungszusammenarbeit keine Berührungsängste mit Religionen haben. Es gehört zur Eigenart kirchlicher Entwicklungszusammenarbeit, dass sie unterhalb der staatlichen Ebene erfolgt und dort über Handlungsmöglichkeiten verfügt, wo staatliche Entwicklungszusammenarbeit nicht mehr tätig werden kann oder darf, weil es beispielsweise politische Rahmenbedingungen nicht zulassen. Auch das politische Mobilisierungspotenzial der Kirchen spielt oftmals eine wichtige Rolle, wenn es darum geht, gezielt an politischen Meinungsbildungsprozessen mitzuwirken. Dass zum Beispiel auf dem Wirtschaftsgipfel in Köln 1999 die HIPC-Initiative (*heavily indebted poor countries*) beschlossen wurde, die armen Ländern unter bestimmten Bedingungen, etwa einer Armutsbekämpfungsstrategie, Schuldenerlasse ermöglicht, ging auch auf das Wirken der Kirchen zurück.[129]

Die praktischen Erfahrungen der letzten Jahre bestätigen die These der entwicklungspolitischen Relevanz von Religionsgemeinschaften. In der indonesischen Provinz Aceh konnte nach dem verheerenden Tsunami 2004 erst ein Personenstandswesen aufgebaut werden, nachdem der Islamische Gelehrtenrat durch eine Stellungnahme öffentlich festhielt, dass staatliche Registrierungen ein Beitrag zum Gemeinwohl sind.[130] In Algerien wurde das Unterrichtsfach Biodiversität an Koranschulen eingeführt, in dem ein eigens für angehende Imame erarbeitetes Handbuch zur Rolle der Moscheen in der Umwelterziehung verwendet wird. Die gesellschaftliche Akzeptanz weiblicher Genitalverstümmelung konnte in Mauretanien und anderen Ländern wirksam bekämpft werden, indem muslimische Gelehrte diese Praxis explizit verurteilten.[131] Diese Beispiele zeigen, dass das Motto *religion matters* keineswegs eine leere Floskel ist.

Religionsgemeinschaften als Faktor und Partner in der Entwicklungszusammenarbeit zu berücksichtigen, heißt, den Menschen im Sinne des Christlichen Menschenbildes ernst zu nehmen. Es bedeutet aber vor allem auch, institutionelle kirchliche und religiöse Strukturen so einzubinden, dass sich nachhaltig echte Besserungen erreichen lassen.

Lebensschutz zwischen Autonomie und Fürsorge

Im Bereich der Bio- und Medizinethik ist das Thema Menschenwürde besonders virulent: Einerseits im Hinblick auf die Anfänge des menschlichen Lebens, aber ebenso im Hinblick auf dessen Ende. Wenn wir ernst nehmen, dass der Mensch als Mensch bereits Ebenbild Gottes ist, dann kann seine Würde nicht von anderen Faktoren abhängig gemacht werden. Auch Menschen, die beispielsweise über bestimmte kognitive Fähigkeiten noch nicht oder nicht mehr verfügen, kommt die Würde des Menschen gleichermaßen uneingeschränkt zu. Eine am Christlichen Menschenbild orientierte Politik macht es sich daher zum Anliegen, Schwachen und Gefährdeten ihre Stimme zu leihen, damit auch ihr Anspruch auf Achtung berücksichtigt wird. Die Position etwa, dass auch ungeborene Kinder Menschen im Vollsinn sind, ist leider nicht mehr selbstverständlich. Hinsichtlich der verschiedenen Formen der Sterbehilfe kommt es darauf an, dass ein Mensch nicht *durch*, sondern *an* der Hand eines anderen stirbt. Eine Politik, die sich am „C“ ausrichtet, muss Eltern daher unterstützen, die sich für das Leben ihres Kindes entscheiden, und sich dafür engagieren, dass unheilbar tödlich Erkrankte Hilfe *im*, aber nicht *zum* Sterben erhalten. Zwar sind diese grundlegenden Positionen aus dem Christlichen Menschenbild zu begründen; ihnen allerdings Geltung zu verschaffen und politisch zu implementieren, ist eine Herausforderung, weil politische Entscheidungen im Modus des Kompromisses gefällt werden.

Der Beginn menschlichen Lebens

Dem Menschen kommt aufgrund seines Menschseins Würde und damit ein Recht auf Leben zu. Was im Umgang mit Embryonen und Föten ethisch zulässig ist und was nicht, hängt entscheidend davon ab, ob wir sie als Menschen betrachten. Grundsätzlich sind drei Optionen denkbar: Entweder der Mensch wird bereits mit der Verschmelzung von Ei- und Samenzelle zu einem Menschen; oder er wird erst durch die Geburt zu einem Menschen; die dritte Option bestünde darin, die „Menschwerdung" zwischen den beiden genannten Zeitpunkten anzusiedeln. Entscheidende Zäsuren hierfür könnten etwa die Nachweisbarkeit eines Herzschlags, die Überlebensfähigkeit, die Ausbildung des Gehirns oder bestimmter Gehirnareale sein. Alle drei Zugänge stehen vor der Herausforderung, den jeweiligen Zeitpunkt als maßgebliche Zäsur begründen zu müssen, beispielsweise im Sinne eines entscheidenden Qualitätssprungs in der Entwicklung des Embryos. Es ist meine Überzeugung, dass menschliches Leben – damit meine ich das Leben eines einzelnen, bestimmten menschlichen Organismus – mit der Verschmelzung von Ei- und Samenzelle beginnt, ganz unabhängig davon, ob diese Verschmelzung im Mutterleib oder in der Petrischale geschieht. Nach meiner Auffassung ist eine Abtreibung folglich immer die Tötung menschlichen Lebens. Es ist eine der vornehmsten Aufgaben des Rechtsstaates, menschliches Leben zu schützen. Als der Bundestag 1992 über eine Neuregelung des Schwangerschaftsabbruchs beriet, stellte ich mich entschieden gegen einen Vorschlag, der den Straftatbestand des Schwangerschaftsabbruchs innerhalb der ersten 12 Wochen der Schwangerschaft ausschloss.[132] Diese sogenannte Fristenregelung erhielt zwar im Bundestag die nötige Mehrheit, wurde allerdings bereits 1993 durch das Bundesverfassungsgericht kassiert.[133] Die Richter begründeten ihr Urteil damit, dass das Grundgesetz den Staat verpflichtet, auch das ungeborene Leben zu schützen, weil auch ihm Menschenwürde zukommt. Rechtlicher Schutz, so argumentiert das Bundesverfassungsgericht weiter, gebührt dem Ungeborenen auch gegenüber seiner Mutter. Vor diesem Hintergrund ist der Schwangerschaftsabbruch innerhalb der ersten 12 Wochen rechtswidrig, wenngleich unter bestimmten Bedingungen straffrei.

Es liegt aus meiner Sicht auf der Hand, dass es Konfliktsituationen gibt, in denen der Staat einen Strafanspruch nicht durchsetzen sollte. Die medizinische Indikation und die kriminologische Indikation kann ich akzeptieren: Wenn eine Gefahr für das Leben der Mutter besteht, sollte auf eine Bestrafung ebenso verzichtet werden wie in dem Fall, dass die Schwangerschaft durch eine Vergewaltigung zustande kam.

In der Praxis entscheiden sich in den Fällen, in denen durch pränatale Diagnostik eine Behinderung des Kindes festgestellt wurde, Eltern leider häufig für einen Abbruch der Schwangerschaft. Es ist uns am Ende der damaligen Großen Koalition (2005–2009) gelungen, die Sozialdemokraten für das „Gesetz zur Änderung des Schwangerschaftskonfliktgesetzes“ zu gewinnen. Ziel des Gesetzes war, dass der Staat seiner Pflicht, auch ungeborenes Leben zu schützen, besser sachgerecht nachkommen kann. Ein auffälliger pränataler Befund ist oftmals ein schwerer, seelisch und körperlich belastender Schock für werdende Mütter und Väter. Vor diesem Hintergrund stellt sich die Frage der sogenannten medizinischen Indikation: In dem Fall, dass eine Schwangerschaft eine schwere Gefahr für das körperliche oder seelische Wohl der Mutter darstellt, ist ein Schwangerschaftsabbruch nicht rechtswidrig. Sowohl die Bundesärztekammer als auch die Gesellschaft für Gynäkologie und Geburtshilfe e. V. hatten damals gefordert, dass es in solchen Situationen ausreichend Zeit für Beratung und Entscheidungsfindung geben sollte. Durch dieses Gesetz wurde festgelegt, dass zwischen der Mitteilung des auffälligen Befundes und der schriftlichen Feststellung einer medizinischen Indikation eine dreitägige Bedenkzeit verstreichen muss. Ziel dieser Frist ist es, die Schocksituation zu überwinden und der Schwangeren und ihrem Partner die Möglichkeit zu geben, ihre Sorgen und Ängste zu besprechen und zu einer Entscheidung zu kommen. Diese gesetzliche Regelung ist damit nicht nur ein Weg, Schwangeren in Belastungs- und Konfliktsituationen ärztliche und psychosoziale Beratung zukommen zu lassen, sondern auch ein Beitrag zum Schutz des ungeborenen Kindes. Die Frist schafft Raum für die Überwindung von Angst und ermöglicht Perspektiven für ein gelingendes Leben mit einem Kind mit Behinderung.[134]

Der Mensch ist von Beginn an Beziehungswesen. Eine Schwangerschaft ist ein Lebensverhältnis zwischen Mutter und Kind. Das Leben eines ungeborenen Kindes kann daher nicht gegen, sondern nur an der Seite der Mutter geschützt werden. Hier ist unsere Gesellschaft als Ganze gefordert, Rahmenbedingungen zu schaffen, die eben dieses Lebensverhältnis zwischen Mutter und Kind gelingen lassen. Dass sich im Falle einer Trisomie-21-Diagnose bis zu 98 Prozent aller Eltern gegen das Kind und für einen Schwangerschaftsabbruch entscheiden, ist ein verheerendes Signal, dem wir eine Kultur der Wertschätzung und Anerkennung für behinderte Menschen entgegensetzen müssen. Darüber hinaus müssen wir Eltern die Angst vor einem Leben mit einem behinderten Kind nehmen, ihnen Unterstützung anbieten und Perspektiven aufzeigen. Eltern haben kein Recht auf ein gesundes Kind, ungeborene Kinder allerdings sehr wohl das Recht zu leben.

Postmortale Organspende

Pro Tag sterben in Deutschland durchschnittlich etwa drei Personen, während sie auf ein Organ warten. Derzeit stehen ungefähr 9500 Menschen in Deutschland auf der Warteliste für ein Spenderorgan. Im Jahr 2018 gab es 955 (postmortale) Organspender.[135] 85 Prozent der Menschen in Deutschland stehen der Organspende grundsätzlich positiv gegenüber, mehr als jemals zuvor. Allerdings haben in Deutschland nur etwa 39 Prozent der Menschen ihre Entscheidung für (oder gegen) eine postmortale Organentnahme dokumentiert. Der mit Abstand stärkste Grund (73 Prozent), sich für eine Organspende im Organspendeausweis auszusprechen, ist das Bedürfnis, anderen Menschen helfen und dem eigenen Tod einen Sinn geben zu wollen. Diejenigen, die sich bewusst dagegen entscheiden, Organspender zu sein, bezweifeln, als Spender geeignet zu sein (24 Prozent), oder haben mangelndes Vertrauen und Angst vor Missbrauch (22 Prozent). Diejenigen, die sich bislang weder für noch gegen eine Organspende entschieden haben, geben als Grund an, sich mit der Thematik noch nicht ausreichend befasst zu haben (43 Prozent).[136]

In einem gemeinsamen Dokument erklärten die Deutsche Bischofskonferenz und die Evangelische Kirche in Deutschland bereits 1990, dass die Bereitschaft zur

Organspende nach dem Tod ein Ausdruck der Nächstenliebe und der Solidarisierung mit Kranken und Behinderten sei.[137] Angesichts der vielen Menschen, die aufgrund fehlender Transplantate jedes Jahr sterben oder in ihrer Lebensqualität erheblich eingeschränkt sind, ist es wichtig, über die Möglichkeit der Organspende zu informieren und zu ermutigen. Dass die beiden großen Kirchen in unserem Land die postmortale Organspende als einen Akt der Nächstenliebe verstehen und als solchen befürworten, ist auch deswegen von großer Bedeutung, weil deutlich wird, dass der christliche Glaube an die leibliche Auferstehung des Menschen in keiner Weise durch die Organspende infrage gestellt wird. Das zukünftige Leben, von dem die Bibel und der christliche Glaube hoffnungsvoll sprechen, ist nicht einfach die Fortsetzung unseres irdischen Lebens unter verbesserten Rahmenbedingungen. Eine Organspende kann in diesem Sinne auch über den Tod des Spenders hinaus etwas spürbar werden lassen von jener „größeren Liebe" (Evangelium nach Johannes 15,13), zu der Jesus seine Jünger ermutigt.

So sehr aus der Perspektive des christlichen Glaubens nichts grundsätzlich gegen die postmortale Organspende einzuwenden ist, so muss eine am Christlichen Menschenbild orientierte Politik bestimmte Faktoren berücksichtigen:

Auch nach der zweifelsfreien Feststellung des Eintritts des Hirntodes gilt, dass der Verstorbene nicht darauf reduziert werden darf, eine Ressource zu sein. Zur Achtung der Würde des Menschen gehört es, seinen Körper nach dem Tod mit Achtung und taktvoller Rücksichtnahme gegenüber den Angehörigen zu behandeln. Es gilt, diese Perspektive stets miteinzunehmen und den Körper eines Hirntoten nicht allein unter dem Blickwinkel des medizinischen Interesses zu betrachten und zu verzwecken. Angehörige geraten durch den plötzlichen Tod eines geliebten Menschen oft in einen Schockzustand, in dem sie erst allmählich das Geschehene zu verarbeiten beginnen. Ausgerechnet in dieser Situation über eine Organspende entscheiden zu müssen – wie es im Rahmen der erweiterten Zustimmungslösung denkbar ist –, kann zu einer Belastung und Überforderung werden. Hier ist vonseiten der Ärzte, die ihrerseits das legitime Interesse haben, potenziellen Organempfängern zu helfen, ein rücksichtsvoller und einfühlsamer Umgang gefordert.

Angesichts des Spendermangels wurde auch auf politischer Ebene immer wieder nach anderen Lösungen gesucht. Besonders prominent war dabei die sogenannte doppelte Widerspruchslösung, die vorsah, dass jeder automatisch als Organspender gilt, es sei denn, der Betroffene oder seine Angehörigen widersprechen explizit. Im Januar 2020 stimmte die Mehrheit der Abgeordneten im Deutschen Bundestag gegen die Widerspruchslösung.[138] Für diese Lösung wurde ins Feld geführt, dass sie bereits in zahlreichen europäischen Ländern gilt und dort ein höheres Spenderaufkommen zu verzeichnen ist.

Wo allerdings der Staat selbstverständlich davon ausgeht, die Organe Verstorbener entnehmen zu dürfen, ohne dass die entsprechende Person ausdrücklich eingewilligt hat, ist aus meiner Sicht zweifelhaft, dass die Freiwilligkeit des Aktes noch gewährleistet ist. Aus einer Organspende würde so eine Organabgabepflicht. Die Personalität des Einzelnen zu respektieren, bedeutet auch, mit größtmöglicher Sicherheit zu gewährleisten, dass seine Autonomie gesichert ist. Eine Regelung, die jedem pauschal unterstellt, spendewillig zu sein, gewährleistet die Freiheit der Entscheidung aus meiner Sicht nicht ausreichend. Darüber hinaus ist auch umstritten, ob die Einführung der Widerspruchslösung wirklich mehr Spender erzeugt. So wird von Vertretern der Widerspruchslösung oft Spanien als Paradebeispiel für die vermeintliche Erfolgsgeschichte der Widerspruchslösung genannt. In der Tat ist die Anzahl an postmortalen Organspenden dort beachtlich höher. Doch dass die Anzahl der Spenden in Spanien höher ist, ist auf andere Faktoren zurückzuführen. Zum einen verfügt in Spanien jedes größere Krankenhaus über spezialisierte Ärzteteams, die darin geschult sind, mit Angehörigen über die Option der Organspende zu sprechen. Ein weiterer entscheidender Faktor für die vergleichsweise hohe Anzahl an postmortalen Organspenden in Spanien ist die Tatsache, dass Organe bereits nach dem Herztod – und nicht wie in Deutschland erst nach der Feststellung des Hirntodes – entnommen werden. Etwa 30 Prozent der Organe stammen in Spanien von herztoten Spendern.[139] Es ist also keineswegs belegt, dass bereits die Einführung der Widerspruchslösung in Deutschland zu einer Zunahme von Organspenden führen würde. Wir sollten daher an der grundsätzlichen Idee der Zustimmungslösung festhalten, mehr Vertrauen in das medizinische System fördern und Menschen in regelmäßigen Abständen gezielt ansprechen und ermutigen, ihre Entscheidung auch zu dokumentieren. Hierfür ist die Anpassung der gesetzlichen Grundlage der Organspendepraxis durch den Deutschen Bundestag im Januar 2020 ein entscheidender Beitrag: Das Gesetz erhält einerseits die Freiwilligkeit des Spenders, trägt aber andererseits dazu bei, dass Menschen auch zu einer Entscheidung ermutigt werden und diese besser, etwa durch ein geplantes Online-Register, dokumentiert wird.[140] Bei all dem ist dennoch klar: Die freiwillige Organspende nach dem Hirntod rettet Leben und ist ein beachtenswerter Ausdruck menschlicher Nächstenliebe. Aufgabe der Politik kann nicht sein, diese Nächstenliebe zu erzwingen, sondern sie zu ermöglichen.

Sterbehilfe

Sterbehilfe wird häufig unterschieden in sogenannte „aktive“, „passive“ und „indirekte“ Sterbehilfe. Darüber hinaus wird auch die Beihilfe zur Selbsttötung meist unter dem Überbegriff der Sterbehilfe behandelt. Allerdings sind die genannten Begriffe irreführend. Es ist daher ratsam, anstelle von aktiver Sterbehilfe von *Tötung auf Verlangen* und statt von passiver Sterbehilfe von *Nichteinleitung* oder *Nichtfortsetzung lebenserhaltender Maßnahmen* zu sprechen. Die sogenannte indirekte Sterbehilfe meint eigentlich medizinische und palliativmedizinische Maßnahmen, bei denen die Möglichkeit besteht, dass der natürliche Prozess des Sterbens verkürzt wird, beispielsweise durch hochdosierte Schmerzmedikation. Da eine solche Behandlung weder direkt noch indirekt auf das Sterben des Patienten zielt, sollte man – so empfahl es auch der damalige Nationale Ethikrat – überhaupt nicht von Sterbehilfe sprechen.[141]

In Deutschland trat am 10. Dezember 2015 zunächst § 217 des Strafgesetzbuches in Kraft, das die geschäftsmäßige Förderung der Selbsttötung unter Strafe stellt. Dieser Entscheidung gingen kontroverse Diskussionen im Bundestag und der weiteren Öffentlichkeit voraus. Ich habe mich damals, gemeinsam mit Thomas Oppermann und Katrin Göring-Eckardt, fraktionsübergreifend für den Gesetzesentwurf ausgesprochen, der die geschäftsmäßige Förderung der Selbsttötung unter Strafe stellt. Er wurde am 6. November 2015 vom Bundestag mit einer Mehrheit von 360 von 602 Stimmen angenommen.

Die Selbsttötung war und ist in Deutschland straffrei. Moralisch mag man den Standpunkt vertreten, dass es eine Pflicht zum Leben gibt, etwa weil unser Leben eine Leihgabe ist, über die wir nur begrenzt selbst verfügen dürfen. Rechtlich allerdings ist der Suizidversuch Ausdruck des Selbstbestimmungsrechtes. Eine Rechtspflicht zum Leben gibt es nicht. Wenn die Selbsttötung keine Straftat darstellt, kann auch die Beihilfe zu ihr nicht ohne Weiteres als Straftat qualifiziert werden. In der damaligen Diskussion ging es insbesondere um die Frage, ob die geschäftsmäßige Suizidhilfe in Deutschland fortan legal sein sollte. Ich habe mich damals mit Nachdruck gegen eine solche Legalisierung gewandt. Wo die Beihilfe zur Selbsttötung geschäftsmäßig betrieben wird und somit auf Wiederholung angelegt ist, besteht die Gefahr, dass die Selbsttötung schließlich zu einer sozialen Normalität, zu einer Behandlungsoption neben anderen wird. Doch wo die Option der Selbsttötung zur Normalität wird, dort steht zu befürchten, dass die Achtung vor dem Leben eines Menschen – gerade in Krankheit und Schwachheit – langfristig eine Schwächung erlebt. Darüber hinaus könnte eine Legalisierung der geschäftsmäßigen Suizidhilfe und ihre gesellschaftliche Normalisierung dazu führen, dass kranke und ältere Menschen sich zu einem Suizid gedrängt fühlen. Dass die Würde des Menschen bedingungslos ist, dass kein Mensch überflüssig ist und jemand auch dann ein Recht auf Achtung hat, wenn er nicht mehr in der Lage ist, Leistung zu erbringen, stünde dann möglicherweise zur Debatte. Damit wären allerdings die Grundwerte unseres gesellschaftlichen Zusammenhaltes infrage gestellt. Der Tod darf nicht kommerzialisiert und banalisiert werden. Todkranken Menschen müssen wir helfen und die Angst nehmen, einsam und vernachlässigt zu sterben.

Neben einem Ausbau pflegerischer Angebote und der Hospiz- und Palliativmedizin müssen wir auch im Blick haben, dass die wenigsten der etwa 100.000 jährlich unternommenen Suizidversuche von Menschen unternommen werden, die unheilbar krank sind oder eine knapp begrenzte Lebenserwartung haben. Menschliches Leben zu schützen, bedeutet daher auch, psychisch kranken Menschen suizidpräventive Maßnahmen anzubieten, niedrigschwellige Beratungsangebote für Menschen in Lebenskrisen zu fördern und die Forschung zu Suizidprävention zu unterstützen. So sehr also die Selbsttötung rechtlich betrachtet Ausdruck der Selbstbestimmung ist und Strafen das Letzte sind, was Menschen nach einem gescheiterten Suizidversuch brauchen, so sehr müssen wir uns als Gesellschaft darüber im Klaren sein, dass der Suizid meist am Ende einer psychosozialen Dynamik steht, die Betroffenen ihre Freiheit zu leben genommen hat. Das Leben ist ein Geschenk: Niemand verdankt sich sein Leben selbst. Es ist kostbar und einzigartig – auch das drückt sich in der Rede von der Gottebenbildlichkeit aus. Wir tun als Gesellschaft gut daran, die Auslöschung des eigenen Lebens nicht zu einer Normalität werden zu lassen.

Mit seinem Urteil vom 26. Februar 2020 über das Verbot der geschäftsmäßigen Förderung der Selbsttötung[142] hat das Bundesverfassungsgericht die Politik vor eine große Herausforderung gestellt: Es kam zu dem Urteil, dass das allgemeine Persönlichkeitsrecht ein Recht auf selbstbestimmtes Sterben umfasst und dass die Wahrnehmung dieses Rechts nicht nur die Selbsttötung, sondern auch die Inanspruchnahme von freiwilliger Hilfe durch Dritte miteinschließt. Die Entscheidung, das eigene Leben mit Blick auf das persönliche Verständnis von Lebensqualität und Sinnhaftigkeit der eigenen Existenz zu beenden, ist, so hält das Bundesverfassungsgericht fest, als Akt autonomer Selbstbestimmung durch Staat und Gesellschaft zu respektieren. Das in § 217 StGB geregelte Verbot der geschäftsmäßigen Förderung der Selbsttötung verstößt gegen das Grundgesetz, so das Urteil, und ist daher nichtig. Wir hatten bereits festgestellt, dass Politik meist im Modus des Kompromisses verläuft. Die entscheidende Frage für eine Politik auf der Grundlage des Christlichen Menschenbildes ist nun, wie sich das ursprüngliche Anliegen, dass die Selbsttötung nicht zu einer Behandlungsoption neben anderen wird und die Achtung vor dem Leben in Leid und Krankheit keine Abschwächung erfährt, durch eine gesetzliche Regelung so gut wie möglich erhalten lässt. Zu denken ist hier zunächst an den Schutz der Autonomie: Eine große Sorge der Politik war, dass die Legalisierung der geschäftsmäßigen Selbsttötung dazu führen könnte, dass der Einzelne sich etwa durch Angehörige unter Druck gesetzt fühlt, sein Leben zu beenden. Das Bundesverfassungsgericht betonte in seiner Urteilsbegründung auch die Schutzpflicht des Staates gegenüber der Autonomie des Einzelnen und hält es für zulässig, dass der Staat der Entstehung solcher sozialen Pressionen entgegenwirkt.[143] Für die Politik bedeutet dies, dass sie die Zugangshürden zur assistierten Selbsttötung so gestalten muss, dass jemand weder aus einer spontanen Befindlichkeit heraus noch aufgrund von gefühltem Druck durch Angehörige um Unterstützung bei der Selbsttötung bittet. Einer Normalisierung ließe sich beispielsweise entgegenwirken, indem man davon absieht, Facharztqualifizierungen für assistierte Selbsttötung einzurichten, und sicherstellt, dass – analog zum Schwangerschaftsabbruch – kein Arzt zur Mitwirkung verpflichtet wird. Auch sollte etwa durch bestimmte Fristen die Dauerhaftigkeit des

Patientenwunsches gewährleistet werden, um zu verhindern, dass jemand aus einer akuten Angst oder einem spontanen Wunsch heraus eine irreversible Entscheidung gegen sein eigenes Leben trifft. Der Rahmen ist durch das Urteil des Bundesverfassungsgerichts gesetzt. Die anspruchsvolle Aufgabe einer Politik auf der Grundlage des Christlichen Menschenbildes besteht nun darin, diesen bestmöglich unter Wahrung ihrer Grundüberzeugungen auszugestalten.

Familie – der Kern unserer Gesellschaft

Familien sind der Ort, an dem Menschen sich verbindlich füreinander entscheiden und ihr Leben mit- und füreinander auf Dauer und in Verantwortung gestalten. Die Fähigkeit, Beziehungen einzugehen, und die Bereitschaft, Verantwortung für andere zu übernehmen, gehören zu den menschlichen Voraussetzungen eines guten gesellschaftlichen Miteinanders. Insofern sind Familien nicht nur Kern und Quelle unserer Gesellschaft, sondern auch „Schule der Demokratie". Familie ist ein Verantwortungsgefüge: Ehepartner übernehmen Verantwortung füreinander, Eltern tragen Verantwortung für ihre Kinder, Kinder oft auch für ihre Eltern, wenn diese im Alter auf Hilfe angewiesen oder pflegebedürftig sind. Der Staat darf sich in diese Verantwortungskonstellationen nur mit größter Zurückhaltung einmischen. Er hat vielmehr die Aufgabe, Rahmenbedingungen zu schaffen, die es Familien ermöglichen, Verantwortung gut wahrzunehmen und zu gestalten. Familien wissen selbst am besten, wie sie ihr gemeinsames und geteiltes Leben gestalten wollen. Die freie Entfaltung der eigenen Person ist Wesenselement des Christlichen Menschenbildes. Diesen Freiraum zu schützen, ist Aufgabe des Staates. Der Staat hingegen hat kein Recht, für den persönlichen Lebensbereich gängelnde Vorschriften zu erlassen. Im Hinblick auf Familien bedeutet dies, dass sie frei entscheiden können müssen, wie sie ihr Leben organisieren. Deshalb muss der Staat sowohl Ganztagsbetreuungsmöglichkeiten anbieten, damit Wahlfreiheit überhaupt möglich ist. Er muss aber auch die Voraussetzungen dafür schaffen, dass Betreuung und Erziehung in der Familie realisierbar sind. Beiden Vorstellungen ist der gleiche Respekt entgegenzubringen. Dem Christlichen Menschenbild entspricht es darüber hinaus, solidarisch mit jenen zu sein, die Hilfe benötigen. Das bedeutet beispielsweise, dass der Staat Unterstützungsmechanismen für Familien mit geringem Einkommen schafft. Zugleich ist Solidarität nicht ohne Subsidiarität – im Sinne einer Hilfe zur Selbsthilfe – machbar. Die familienpolitische Aufgabe besteht also darin, jene zu unterstützen, die es besonders schwer haben – etwa Alleinerziehende –, und zugleich auch Erwerbsanreize für Eltern zu schaffen, damit sie im Sinne des Personalitätsprinzips auch wirklich Verantwortung für sich selbst übernehmen können.

Wer unter modernen Bedingungen an der Familie als Kern unserer Gesellschaft festhalten will, der muss die Vereinbarkeit von Berufstätigkeit und Familie gewährleisten. Hier ist es entscheidend, nicht in vermeintlich konservative Denkmuster zu verfallen. Es geht nicht darum, ein bestimmtes Lebensmodell festzuschreiben, sondern Familien selbst entscheiden zu lassen, indem wir Wahlfreiheit strukturell ermöglichen. Nur so können wir einerseits der Freiheit des Einzelnen und seiner zu gestaltenden Verantwortung für seine Familie gerecht werden und andererseits der Gleichberechtigung und fundamentalen Gleichheit von Mann und Frau Rechnung tragen. Familien sind im wahrsten Sinne der Kern unserer Gesellschaft. Sie bilden die Grundlage unseres Zusammenlebens, erfüllen unersetzliche erzieherische Funktionen, kultivieren generationenübergreifende Solidarität und gegenseitige Fürsorge. Damit sind sie schließlich auch der Ort, an dem jene Grundwerte, die unsere Gesellschaft zusammenhalten, eingeübt werden. Wir hatten bereits gesehen, dass der Staat von Voraussetzungen lebt, die er selbst nicht garantieren kann. Zu diesen Voraussetzungen gehört auch ganz wesentlich die Familie. Der Staat kann wenig zur Familiengründung selbst beitragen, aber sie ist von entscheidender Wichtigkeit, da eine Gesellschaft dort an ihr Ende gelangt, wo keine Familien mehr gegründet werden. Insofern können wir auch sagen: Familienpolitik ist Zukunftspolitik.

Dabei kommt es auf mehr als nur finanzielle Transferleistungen an. Um Familien jenen Freiraum zu sichern, in dem sie selbst entscheiden können, wie sie ihr Familienleben gestalten, braucht es auch eine familienfreundliche Zeitpolitik, die die strukturellen Voraussetzungen für eine gute Vereinbarkeit von Familie und Beruf schafft. Weil die Erziehung der Kinder Aufgabe beider Elternteile ist, muss auch für beide die Möglichkeit bestehen, Zeit mit ihren Kindern zu verbringen. Ein vielfach in Anspruch genommenes Instrument (im Jahr 2018 1,8 Millionen Mal) ist hier das Elterngeld und *Elterngeld Plus*, das es Paaren ermöglicht, sich gemeinsam und flexibel um ihre Kinder zu kümmern. Der Realismus des Christlichen Menschenbildes besteht darin, dass es den Menschen so anerkennt, wie er ist, und ihn nicht etwa umformen oder ihm bestimmte Lebensmodelle vorgeben will. Das bedeutet sodann auch, dass sich eine Familienpolitik, die sich wirklich in den Dienst von Familien, Eltern und Kindern stellt, an deren tatsächlichen

Bedürfnissen ausrichten muss. Dabei entstehen Konflikte: Während das Arbeitsleben von den arbeitenden Elternteilen oftmals ein hohes Maß an Flexibilität und Mobilität erwartet, etwa die Bereitschaft, den Wohnort zu wechseln oder auch im Privatleben kurzfristig erreichbar und verfügbar zu sein, sind Familien auf Stabilität angewiesen. Dies gilt beispielsweise für das familiäre und soziale Umfeld, Kitaplätze und Schule, aber auch für ein verlässliches, familiäres Zeitmanagement. Für die Bewältigung solcher Spannungen einen guten politischen Rahmen zu schaffen, ist das eine. Es braucht darüber hinaus ein gesellschaftliches Klima, das die Bedeutung und Leistung von Familien wertschätzt und honoriert. Wir sind als Gesellschaft auf Familien und die in ihnen und durch sie vermittelten Werte von Fürsorge, Treue und Verantwortung angewiesen.

Ordnung und Freiheit – die Soziale Marktwirtschaft

Eine Politik, die sich am Christlichen Bild vom Menschen orientiert, muss in der Gestaltung eines wirtschaftspolitischen Rahmens sowohl seiner Freiheit als auch seiner Verantwortung gerecht werden. Zugleich kommt es darauf an, dabei auch realistisch zu sein. Menschen sind fehlbar, sie suchen in der Regel zuerst ihr eigenes Wohl und sind erfahrungsgemäß nicht grenzenlos selbstlos. Dabei ist die Tatsache, dass Menschen einen Hang zum Egoismus haben, nicht per se ein Problem. Wie gut gemeinter Altruismus für den Empfänger zu einer Last werden kann, so kann auch Egoismus strukturell sozial sein. Dies gilt vor allem im Hinblick auf den Wettbewerb. Für niemanden wäre in einem Fußballspiel etwas gewonnen, wenn beide Teams miteinander anstatt gegeneinander spielen würden, sich abwechselnd auf das jeweils eigene Tor schießen ließen und am Ende stets Unentschieden aushandelten. Es ist nicht nur vertretbar, sondern erwünscht, dass beide Teams gegeneinander spielen. Damit das aber gelingt, braucht es ein Regelwerk, das beide Teams einhalten und das auch durch Sanktionen seine Einhaltung forciert. Das Streben nach Gewinn ist begrüßenswert, solange die beteiligten Parteien sich an klare und faire Regeln halten. Ungerecht wird es, wenn einzelne Akteure das Regelwerk unterlaufen, um sich Vorteile zu verschaffen. Dass Egoismus im Sinne eines Strebens nach eigenen Vorteilen nicht zwangsläufig schlecht ist, klingt auch an im Gleichnis der anvertrauten Talente, wie es sich im Evangelium nach Matthäus (25,14–30) findet: Ein Handelsmann begibt sich auf Reisen und verteilt zuvor an seine drei Knechte gemäß ihren Fähigkeiten Geldbeträge in der damaligen Währung *Talente*. Nach seiner Rückkehr hält er Abrechnung und prüft, wie seine Knechte mit ihren Talenten gewirtschaftet haben. Zwei der Knechte erwirtschafteten einen Gewinn und werden entsprechend gelobt. Der dritte Knecht hat aus Angst nichts investiert, erwirtschaftete daher keinen Gewinn und wird als schlecht und faul getadelt. Zu verstehen ist dieses Gleichnis als Mahnung, gegebene Talente zu nutzen und zu mehren. Die heutige Bedeutung von Talent im Sinne einer Fähigkeit oder Begabung geht auf dieses Gleichnis zurück. Niemandem ist geholfen, wenn wir von unseren Fähigkeiten nicht Gebrauch machen. Wenn wir hingegen an ihrer Entfaltung und Kultivierung arbeiten, können wir sie auch in den Dienst der Gemeinschaft stellen. Eine am Christlichen Menschenbild orientierte Politik will den Menschen nicht zu totaler Selbstlosigkeit umerziehen, sondern gesteht ihm zu, dass er nach Gewinn strebt und seinen Vorteil sucht. Zugleich versucht eine solche Politik auch, diesen Egoismus des Einzelnen durch ordnungspolitische Maßnahmen so zu stimulieren und zu steuern, dass er im Dienst der Allgemeinheit steht. Finanzmarktkrisen, zuletzt auch die sogenannten Cum-Ex-Geschäfte, in denen auf Kosten des deutschen Steuerzahlers gezielt Mehrfacherstattungen der Kapitalertragsteuer bewirkt wurden, führen uns deutlich vor Augen, dass Märkte auf Regeln angewiesen sind, die der Logik der Gewinnorientierung eine Logik der Verpflichtung und der Verantwortung gegenüberstellen. Das Modell der Sozialen Marktwirtschaft hat sich hierbei als tragfähige Leitidee erwiesen.

> *„‚Soziale Marktwirtschaft' nennen wir diese Wirtschaftsordnung, die freies Unternehmertum mit sozialer Verantwortung verbindet."*[144]

So brachte es Konrad Adenauer bereits 1957 in einer Rede vor dem amerikanischen Repräsentantenhaus auf den Punkt. Diese Zuspitzung der Sozialen Marktwirtschaft als Verbindung aus sozialer Verantwortung und freiem Unternehmertum hat bis heute – nach einer siebzigjährigen Erfolgsgeschichte – nichts an Realismus und Aktualität verloren. In gewisser Hinsicht bildet die Soziale Marktwirtschaft eine Art dritten Weg zwischen Kapitalismus und Sozialismus, insofern sie wirtschaftliche Freiheit mit sozialer Gerechtigkeit so zu verbinden weiß, dass die Gesellschaft als Ganze hiervon profitiert. Die Grundidee der Sozialen Marktwirtschaft ist dabei unideologisch. Sie sucht nicht den Menschen einem bestimmten Ideal anzupassen, sondern ist eine Wirtschafts- und Gesellschaftsform, die dem Menschen zu entsprechen sucht. Ludwig Erhard sah den Sinn der Sozialen Marktwirtschaft darin,

> *„das Prinzip der Freiheit auf dem Markt mit dem des sozialen Ausgleichs und der sittlichen Verantwortung jedes Einzelnen dem Ganzen gegenüber zu verbinden."*[145]

Ein entscheidender Aspekt für das Miteinander von Freiheit und sozialer Verantwortung ist, dass das Soziale in der Sozialen Marktwirtschaft nicht nur eine Ergänzung der freien Marktwirtschaft ist, sondern ganz wesentlich zu ihr gehört. Die Soziale Marktwirtschaft ist ein „moralisches“ Modell, das sich nicht allein darauf beschränkt, Mechanismen unter dem Diktat der Funktionalität und Effizienz zu ordnen, sondern den Menschen auch unter einem moralischen Sollensanspruch sieht. Freiheit dürfe nicht, so formulierte es Ludwig Erhard, *„zu einem Götzendienst werden, ohne Verantwortung, ohne Bindung, ohne Wurzel“*[146].

Eine zentrale Stärke der Sozialen Marktwirtschaft ist ihr unideologischer Charakter. Es ist nicht bis ins Detail festgeschrieben, wie eine Soziale Marktwirtschaft auszusehen hat. Vielmehr handelt es sich um einen fortlaufenden, ständig durch Politik und Gesellschaft zu gestaltenden Prozess, in dem Freiheit und soziale Verantwortung ins Gleichgewicht gebracht werden. Das macht die Soziale Marktwirtschaft zu einem überaus resilienten Modell, das auf gesellschaftliche und ökonomische Veränderungen reagieren und sich an diese anpassen kann. Trotz ihrer bleibenden Aktualität steht die Soziale Marktwirtschaft angesichts von Globalisierung und Digitalisierung vor neuen Herausforderungen. Im Hinblick auf die Frage, ob und wie sich soziale Verantwortung und damit ethische Forderungen mit der Logik des Marktes fruchtbar verbinden lassen, hilft eine Orientierung an den Grundmotiven des biblischen Ethos. Zu diesem Ethos gehört ganz wesentlich, wie der Verfassungsrichter Paul Kirchhof es einmal hervorhob, der „radikale Freiheits- und Gleichheitssatz“[147]: Menschen sind immer – egal ob Christ oder nicht, egal ob Mann oder Frau – Ebenbilder Gottes, Brüder und Schwestern.

Diese bereits im Schöpfungsbericht des ersten Kapitels des Buches Genesis ausgedrückte Grundüberzeugung des Christlichen Menschenbildes ist, so Kirchhof, „revolutionärer als alles, was in anderen Texten jemals formuliert worden ist“[148]. Gerade weil wir als Individuen, aber auch als Gesellschaft dieser Überzeugung nicht ununterbrochen gerecht werden, müssen wir sie immer wieder mahnend zur Sprache bringen. Doch moralische Appelle genügen auch im Hinblick auf den Markt nicht. Hier lassen sich nämlich zunächst zwei verschiedene Ebenen ausmachen: Zum einen die Ebene der Motivation des Einzelnen, zum anderen die Ebene des Gemeinwohls. Der Moralphilosoph und Begründer der klassischen Nationalökonomie, Adam Smith, hat diese beiden Ebenen bildlich wie folgt gefasst:

> *„Es ist nicht die Wohltätigkeit des Metzgers, des Brauers oder des Bäckers, von der wir unser Abendessen erwarten, sondern davon, dass sie ihren eigenen Vorteil im Blick haben.“*[149]

Es geht nicht darum, Gemeinwohl und Eigennutz in Konkurrenz zueinander zu setzen, sondern den Eigennutzen in das Gemeinwohl zu integrieren. Der Markt steht also in einer gewissen Analogie zu einem Spiel, in dem es Regeln gibt, die für alle gelten und an die sich jeder zu halten hat. Zugleich verfolgt jeder aber innerhalb dieser Regeln sein eigenes Interesse. Die Gestaltung dieser Regeln muss an das Gemeinwohl rückgekoppelt sein. Die Aufgabe der Politik ist es also nicht, den einzelnen Menschen umzuerziehen, sondern sein Streben nach Erfolg und Gewinn in eine Ordnung einzufassen, die allen zugutekommt. Eine faire und soziale Marktwirtschaft ist auf starke Regeln angewiesen, die sich am Gemeinwohl ausrichten. Diese Regeln sind mehr als nur eine Art Straßenverkehrsordnung, denn sie brauchen eine ethische und kulturelle Einbettung. Das Christliche Menschenbild kann mit seiner Betonung der Würde, Gleichheit, Freiheit und Verantwortung des Menschen sowie den Prinzipien der Subsidiarität und Solidarität zu dieser ethischen Verankerung guter Regeln beitragen. Die Soziale Marktwirtschaft ist nicht moralfrei, sondern ruht auf grundlegenden Werten – der Achtung der Menschenwürde, Gerechtigkeit, Verantwortlichkeit und Teilhabe, Solidarität, Subsidiarität – und besteht so nicht neben, sondern als Teil unserer Gesellschaftsordnung.

Doch was bedeutet Soziale Marktwirtschaft konkret? Sie bedeutet, dass der Staat nicht Zuschauer, sondern aktiver Gestalter des Wirtschaftsgeschehens ist, etwa durch konjunktur- und sozialpolitische Eingriffe. Es ist darüber hinaus ein wichtiges Ziel der Sozialen Marktwirtschaft, fairen Wettbewerb zu ermöglichen und durch das Kartellrecht Monopolisierungen zulasten des Verbrauchers und des Mittelstandes abzuwenden. Sie setzt sich ein für einen hohen Beschäftigungsstand, weil es der Würde des Menschen entspricht, für sich und seine Familie sorgen zu dürfen. Soziale Marktwirtschaft steht für ein sozial- und umweltverträgliches Wirtschaftswachstum, weil es die materielle Grundlage staatlicher Wohlfahrt und guter Lebensqualität ist. Im Sinne der Gerechtigkeit bemüht sie sich um einen fortlaufenden solidarischen Kompromiss zwischen Bedarfs- und Leistungsgerechtigkeit, etwa durch angepasste Steuersätze und Transferleistungen. Natürlich gehört zur Sozialen Marktwirtschaft auch das Eigentum und damit die Organisationshoheit über die eigene Firma. Zugleich gilt es aber auch, die Interessen von Arbeitnehmern ernst zu nehmen. In unserer arbeitsteiligen Wirtschaft geschieht dies durch Mitbestimmung und Tarifverträge. Das kann zu durchaus spannungsreichen Beziehungen zwischen Arbeitgebern und Gewerkschaften führen. Aber das Austarieren von Interessen ist wesentlich für die Soziale Marktwirtschaft. Hält man sich vor Augen, dass etwa zwei Drittel aller Beschäftigten in Deutschland in mittelständischen Unternehmen tätig sind und somit nicht nur im Hinblick auf Arbeits- und Ausbildungsplätze, sondern auch das Bruttoinlandsprodukt eine geradezu staatstragende Rolle haben, dann hat die Politik ihnen gegenüber eine besondere Verantwortung. Diese Verantwortung kann sich beispielsweise darin ausdrücken, bürokratische Hürden so gering wie möglich zu halten oder das Erbschaftsteuerrecht so zu gestalten, dass mittelständische Unternehmen gestärkt und nicht zerstört werden. Da der Mittelstand nicht nur Motor der Beschäftigung, sondern auch der Innovation ist, kann auch die finanzielle Förderung bestimmter – etwa nachhaltiger – Technologien besonders zielführend sein, um dem grundgesetzlich verankerten Staatsziel der Verantwortung für zukünftige Generationen (Artikel 20a GG) gerecht zu werden.

Kapitel 5: Neue Herausforderungen, neue Chancen

Rechtspopulismus und Christliches Menschenbild?

Am 2. Juni 2019 wurde der Kasseler Regierungspräsident Walter Lübcke vor seinem Wohnhaus durch einen Pistolenschuss aus unmittelbarer Nähe getötet. Die Tat war der erste rechtsextrem motivierte Mord an einem amtierenden Politiker seit 1945. Stephan E. gestand die Tat zunächst, widerrief sein Geständnis allerdings kurze Zeit später am 2. Juli 2019.

Am 9. Oktober 2019, Jom Kippur und damit höchster jüdischer Feiertag, versuchte der Attentäter Stephan B. in die Synagoge von Halle einzudringen, um die dort versammelten Menschen – 51 Personen, die gemeinsam Gottesdienst feierten – mit selbst gebauten Waffen zu ermorden. Einzig die widerstandsfähigen Türen verhinderten ein Blutbad in der Synagoge. Der Attentäter ermordete zwei Personen in unmittelbarer Nähe: Die 40-jährige Jana L. und den 20-jährigen Kevin Sch.

Am 19. Februar 2020 ermordete der Attentäter Tobias R. in Hanau acht Männer und eine Frau in zwei Shisha-Bars: Den 23-jährigen Ferhat U., die 35-jährige Mercedes K., den 29-jährigen Sedat G., den 37-jährigen Gökhan G., den 22-jährigen Hamza K., den 33-jährigen Kalojan V., den 23-jährigen Vili-Viorel P., den 21-jährigen Said Nesar H. und den 34-jährigen Fatih S.

Die genannten Morde stehen an der Spitze einer Vielzahl von Gewalttaten, denen eines gemeinsam ist: die rassistische und rechtsextremistische Weltanschauung und Motivation der Täter. Der zunächst geständige Mörder von Walter Lübcke benannte unter anderem dessen Einsatz für die Aufnahme von Flüchtlingen als Tatmotiv. Der Täter von Halle gab in einem Bekennerschreiben an, Juden ermorden zu wollen, weil sie angeblich für die muslimische Einwanderung nach Europa verantwortlich seien. Der Mörder von Hanau hinterließ ebenfalls ein Pamphlet, das sein islamophobes und antisemitisches Weltbild überdeutlich bezeugte. Das Wort fremdenfeindlich, das in diesem Kontext oftmals gebraucht wird, meide ich: Die Menschen, um die es geht, sind keine Fremden. Wer Menschen mit Migrationshintergrund oder einer anderen Religion als fremd bezeichnet, hat damit bereits – wenn auch unabsichtlich – zugestanden, dass diese Unterscheidung zulässig ist. Das ist sie aber nicht: Die einzigen, die diesem Land fremd sein sollten, sind jene, die unsere freiheitlich-demokratische Grundordnung durch Hass und Spaltung absichtlich zu beschädigen suchen. Seit 1990 werden rechtsextreme Gewalttaten als eigene Kategorie erfasst, etwa 200 Menschen sollen seitdem durch Rechtsextreme ermordet worden sein. Rechtsextreme Gewalttaten sind keine Einzelfälle – sie sind die größte politische Gefahr für unsere Gesellschaft und unseren Staat. Jede kritische Auseinandersetzung mit dem Rechtspopulismus in unserer Parteienlandschaft und unseren Parlamenten muss das Ausmaß an rechtsextremer Gewalt mit im Blick haben. Es steht außer Frage, dass nicht jeder Rechtspopulist, der rassistisch denkt, spricht und handelt, deswegen bereits ein gewaltbereiter Rechtsextremist ist. Es steht aber ebenso außer Frage, dass der Rechtspopulismus Resonanzräume für rassistisches Denken bietet und damit zu einem Klima beiträgt, in dem rassistisches und rechtsextremes Denken auch zu Handeln werden kann. Dass sich eine unmittelbare, direkte Kausalität zwischen den bewussten sprachlichen Tabubrüchen der Rechtspopulisten und politisch motivierter Gewalt nicht behaupten lässt, darf nicht darüber hinwegtäuschen, dass es hier sehr wohl einen Zusammenhang gibt. Entscheidend sind dabei zwei Faktoren: einerseits eine nationalistische, geschichtsrevisionistische, rassistische und demokratiefeindliche Weltanschauung und andererseits die Frage, inwieweit jemand diese Weltanschauung auch als Handlungsauftrag versteht. Es steht außer Frage, dass der parteipolitische Rechtspopulismus durch sein Bestreben, die Grenzen des Sagbaren zu verschieben, für beides einen überaus fruchtbaren Boden bereitet, indem er bestimmte Deutungsmuster anbietet. Wenn Spitzenpolitiker der AfD Sätze sagen wie: „*Die Bundesregierung will, dass wir für die Einwanderer arbeiten, damit die in Ruhe Kinder in die Welt setzen und den Bevölkerungsaustausch vollenden können*“[150], und über den angeblichen Versuch fabulieren, „*das deutsche Volk allmählich zu ersetzen*“[151], machen sie sich rechtsextreme Verschwörungstheorien zu eigen und tragen zu deren Salonfähigkeit bei. Wenn Vertreter derselben Partei ankündigen, sich Deutschland „*Stück für Stück zurückzuholen*“[152], und von einer „*Revolution*“ gegen das „*politische System*“[153] sprechen, dann lässt sich das durchaus als Handlungsaufruf verstehen. Dass dem so ist, zeigt sich etwa daran, dass rechtsextreme Attentäter – sei es in Christchurch oder in Kassel – sich nachweislich auf das auch von der AfD immer wieder ins Gespräch gebrachte

Narrativ des „Bevölkerungsaustauschs" beriefen.[154] Rechtspopulisten verhelfen der Logik des Hasses, die von einer Bedrohung durch vermeintlich Fremde spricht, zu größerer Legitimität im öffentlichen Raum. Sie tragen so dazu bei, einen fruchtbaren Boden für rechtsextreme politische Gewalttaten zu schaffen. Die tödliche Gefahr, die von gewaltbereiten Rechtsextremisten für Staat und Gesellschaft ausgeht, lässt sich nicht alleine durch eine gute und kompromisslose Sicherheitspolitik bewältigen. Es braucht auch eine gesellschaftliche Kompromisslosigkeit, die gegenüber rassistischen, entmenschlichenden und nationalistischen Tönen immer wieder deutlich Stellung bezieht und nicht zulässt, dass die Grenzen des Sagbaren nach rechts verschoben werden, denn aus Gesagtem kann Getanes werden. Es ist daher für unsere Demokratie, unsere Sicherheit und unseren gesellschaftlichen Zusammenhalt überlebenswichtig, nicht nur den gewaltbereiten Rechtsextremismus mit aller Härte zu bekämpfen, sondern auch seinen ideologischen Mutterboden, den Rechtspopulismus, zurückzudrängen.

Zu Recht ließe sich anmerken, dass der Rechtspopulismus als solcher im Grunde keine neue Herausforderung ist. Dass ich mich dennoch im letzten Kapitel meines Buches mit diesem Thema unter der Überschrift „Neue Herausforderungen" auseinandersetze, hat folgenden Grund: Auch wenn unbestreitbar ist, dass es Rechtspopulismus, Rechtsradikalismus und Rechtsextremismus – die Grenzen sind hier aus meiner Sicht oftmals fließend – seit Gründung der Bundesrepublik schon immer gegeben hat, so erleben wir doch in Deutschland seit 2013 eine erhebliche Zunahme rechtspopulistischer Töne im öffentlichen Raum. Die Wahlergebnisse der letzten Bundestagswahl sowie zahlreicher Landtagswahlen sprechen eine deutliche Sprache. Der Rechtspopulismus ist auch in Deutschland in den Parlamenten angekommen. Deutschland ist nicht alleine von dieser Entwicklung betroffen. Der Aufstieg rechtspopulistischer Parteien und das zunehmende Eindringen rechtspopulistischer Töne in den öffentlichen Diskurs lassen sich auch in weiteren europäischen Ländern beobachten (darunter Frankreich, Großbritannien, die Niederlande, Österreich, Italien, aber auch Ungarn und Polen). Diese Entwicklung zeichnet sich unter anderem dadurch aus, dass sich – verstärkt durch soziale Medien und das Internet – eine Parallelöffentlichkeit gebildet hat, in der nicht nur wissenschaftliche Tatsachen – man denke etwa an den von Menschen mitbeeinflussten Klimawandel – offen bestritten werden, sondern auch nationalistische Narrative eine enorme Wiederbelebung erfahren haben. Diese Entwicklung wird in Deutschland, auch von Rechtspopulisten selbst, oft in Verbindung gebracht mit der „Flüchtlingskrise" im Herbst 2015. Dabei ist dieser Zusammenhang nur bedingt richtig, denn beispielsweise die PEGIDA-Demonstrationen fanden bereits 2014 statt. Der Rechtspopulismus ist Gift für unsere Gesellschaft, weil er gefährliche und tiefe Spaltungen erzeugt, Angst schürt und die Grundwerte, die uns als Land zusammenhalten, infrage stellt.

Zugleich ist der Aufstieg des Rechtspopulismus eine Herausforderung, die von all jenen Antworten verlangt, die für eine offene Gesellschaftsordnung stehen. Es ist meine Überzeugung, dass das Christliche Menschenbild eine entscheidende Ressource im Umgang mit den spalterischen Tönen des Rechtspopulismus sein kann.

Der Begriff Populismus leitet sich von *populus* (Volk) ab und meint zunächst eine politische Strömung, die vor allem eines – nämlich das Volk – im Blick zu haben glaubt. Das Problem ist dabei allerdings, dass Rechtspopulisten ein eigenes, vom demokratischen Konsens unterschiedenes Verständnis von Volk haben. Denn im Grunde besteht das Volk aus einer Vielzahl von Einzelpersonen, Verbänden, Vereinen und Institutionen, die unterschiedliche Bedürfnisse, Lebensentwürfe und politische Präferenzen haben. Das Volk tritt – so formulierte es der Philosoph Jürgen Habermas – nur im Plural auf.[155]

Der Rechtspopulismus konterkariert allerdings gerade diese Vielfalt, die uns als Volk ausmacht: Indem er Menschen aufgrund ihrer Herkunft, ihrer Hautfarbe, Religion oder auch Leistungsfähigkeit ausgrenzt und behauptet, sie würden dem Volk nicht angehören, zieht er Trennlinien, wo keine sind. Jeder Mensch, unabhängig von seinem religiösen Bekenntnis, seinem Geschlecht oder seiner Lebenssituation, ist gleich an Würde, jeder ist – christlich gesprochen – Ebenbild Gottes, jedem kommt – wie es auch unsere Verfassung formuliert – unantastbare Würde und ein Anspruch auf ihre Achtung zu. Die Behauptung von Rechtspopulisten, sie alleine würden das Volk vertreten, bringt in aller Regel auch Misstrauen und oftmals offene Ablehnung gegenüber Andersdenkenden, aber auch den Institutionen des Staates mit sich. Deutlich wird dies etwa im Sprachgebrauch dann, wenn staatstragende Parteien als Altparteien diskreditiert werden, eine Art Systemwechsel gefordert oder gar versprochen wird, aber auch dann, wenn Medien grundsätzlich abfällig als Lügenpresse bezeichnet werden.

Wie lässt sich der erschütternde Zuspruch für rechtspopulistische Parteien erklären? Teilweise wird vermutet, dass besonders jene Menschen für rechtspopulistische Stimmen empfänglich sind, die einen gesellschaftlichen Abstieg in prekäre Lebenslagen erlebt haben, etwa durch den Verlust eines Arbeitsplatzes oder gesellschaftlicher Teilhabe. Diese These dürfte sich allerdings als falsch oder zumindest unvollständig erweisen. Laut einer Studie aus dem Jahr 2017 werden rechtspopulistische Parteien zu einem nennenswerten Teil von Menschen gewählt, die ausgeprägte persönliche Zukunftssorgen haben (etwa im Hinblick auf die finanzielle Sicherheit im Alter und die Zukunft der Kinder).[156] Dass Rechtspopulisten nur von Menschen in sozial prekären Lebenssituationen gewählt werden, ist kaum plausibel, weil sie deren politische Interessen kaum vertreten. Eben jene Zukunftsängste werden von Rechtspopulisten geschürt, verstärkt und ganz bewusst instrumentalisiert. Die Angst vor dem Verlust des eigenen Wohlstandes und der eigenen Lebensweise wird oftmals durch Rechtspopulisten aufgenommen und gezielt in fremdenfeindliche Narrative eingespeist. Die großen und komplexen politischen Herausforderungen rund um Asyl und Flucht werden benutzt, um Neiddebatten auszulösen und um zu suggerieren, dass Fremde eine Bedrohung für unseren Wohlstand, unsere Lebensweise, ja unsere Identität seien. Um das Fremde vom Eigenen zu unterscheiden, betreiben Rechtspopulisten eine aggressive Rhetorik über Identität, in der das Volk ethnisch bestimmt wird, sodass als „echter" Deutscher nur derjenige gilt, der eine deutsche Herkunft hat und bestimmte Traditionen und Lebensweisen pflegt. Ist das Volk erst mal so definiert, fordern Rechtspopulisten häufig, jenen die Solidarität zu entziehen, die diesem Volk nicht angehören. Eine der großen Bedrohungen des Rechtspopulismus für unsere Gesellschaft ist die

Forderung einer Entsolidarisierung. Politische Verantwortungsträger, die diese Position nicht teilen, die sich etwa für die Aufnahme von Flüchtlingen aus Kriegsgebieten oder für eine Förderung der Seenotrettung von Flüchtlingen im Mittelmeer einsetzen, werden dabei oftmals als Volksverräter diskreditiert, die dem vermeintlichen Willen des Volkes angeblich gleichgültig gegenüberstehen.

Das Christliche Menschenbild kann angesichts dieser Herausforderungen ein wichtiges Korrektiv und eine Quelle gesellschaftlichen Zusammenhaltes sein. Nicht nur die Kirchen als Institutionen, sondern jeder einzelne Christ ist in der Verantwortung, seine Stimme zu erheben, wo die Würde des Menschen angegriffen wird, Schutzbedürftigen und Hilfesuchenden aufgrund ihrer Herkunft oder ihres religiösen Bekenntnisses die Solidarität entzogen wird, sie herabgesetzt werden oder von politischer und gesellschaftlicher Teilhabe ausgegrenzt werden.

Es ist schlichtweg unvereinbar, sich einerseits zum Christentum und damit der Gottebenbildlichkeit aller Menschen und der Grenzen überschreitenden Solidarität zu bekennen, die Christus vorlebt und (etwa im Gleichnis des Barmherzigen Samariters) fordert, und zugleich angesichts der Sprache der Spaltung, des Hasses und der Ausgrenzung zu schweigen. Doch auch jenseits des persönlichen christlichen Bekenntnisses ist das Christliche Menschenbild eine Ressource für das Wertegefüge unserer Gesellschaft. Es steht außer Frage, dass das Christentum und mit ihm das Christliche Menschenbild unsere Kultur in vielerlei Hinsicht mitgeprägt hat. Von Rechtspopulisten wird dabei oft eine Konkurrenz zwischen „unseren“ Werten und jenen von Zuwanderern oder Flüchtlingen behauptet. Unsere Werte werden so instrumentalisiert, um andere auszuschließen. Wo aber Menschen, die in unserem Land Zuflucht nehmen oder eine Heimat suchen, von vornherein abgesprochen wird, die Werte unserer Gesellschaft zu teilen und wertzuschätzen, herrscht ein Klima des Misstrauens, das auch die Integrationsarbeit erheblich belastet.

Wie können wir dem Erstarken rechtspopulistischer Parteien angemessen entgegentreten? Manche schlagen vor, Rechtspopulisten und diejenigen, die sie wählen, aus dem gesellschaftlichen Diskurs auszuschließen. Andere hingegen werben dafür, verstärkt auch vermeintlich konservative Positionen einzunehmen – gerade im Hinblick auf Migration, Asyl und Flucht. Der beste Weg liegt meines Erachtens zwischen den genannten Positionen. Wir müssen rechtspopulistische Positionen und Äußerungen deutlich als solche auch ansprechen, die Grenzen des Sagbaren benennen und aufzeigen, welche Folgen sich für unsere Gesellschaft hieraus ergeben. Einer aggressiven, die Würde des Menschen missachtenden Rhetorik, die die Grundlagen unseres gesellschaftlichen Zusammenhaltes und unserer Demokratie unterläuft, dürfen wir nicht mit falscher Rücksichtnahme begegnen. Zugleich müssen wir darauf setzen, das Narrativ der Angst zu durchbrechen, von dem der Rechtspopulismus zehrt. Das bedeutet: Den Menschen aufzeigen, dass die Politik ihre Zukunftsängste ernst nimmt, dass Vielfalt eine Veränderung von Heimat mit sich bringt, sie aber deswegen nicht verloren geht, und dass eine gute Zukunft nur im Miteinander, nicht im Gegeneinander liegen kann.

Soziale Medien und Digitale Bildung

Soziale Medien sind längst fester Bestandteil der gesellschaftlichen und politischen Realität. Der große Gewinn sozialer Medien ist zweifelsohne, dass sie das Potenzial haben, buchstäblich Grenzen zu überschreiten. Sowohl geografische Entfernungen als auch soziale Unterschiede können durch sie überwunden werden; sie ermöglichen einen Austausch zwischen Menschen, die sich jenseits der digitalen Wirklichkeit niemals begegnet wären. Angesichts der positiven Potenziale sozialer Medien, die auch Parteien und staatliche Institutionen längst für sich entdeckt haben und für eine unmittelbarere Bürgerkommunikation nutzen, liegt es auf der Hand, dass wir einen differenzierten Blick auf soziale Medien werfen müssen.

Zur Realität sozialer Medien gehört auch, dass die Kommunikation, die in ihnen stattfindet, zunehmend weniger sozial wird. Seit einiger Zeit ist zu beobachten, dass die Diskussionskultur in sozialen Medien eine zunehmende Verrohung erfährt und zu einer von direkter Aggression, sprachlicher Maßlosigkeit und unversöhnlicher Polarisierung geprägten Unkultur wird. Die Verrohung gipfelt nicht selten in direkten, persönlichen Beschimpfungen und Drohungen gegen andere. Für viele, etwa auch den Antisemitismusbeauftragten des Landes Baden-Württemberg, Michael Blume, waren Verrohung, Radikalisierung und Beschimpfungen schließlich der Anlass, sich weitgehend aus den sozialen Medien zurückzuziehen.[157] Neben der Verrohung im Ton vieler Nutzer in sozialen Medien ist darüber hinaus auch das Geschäftsmodell einschlägiger Plattformen wie Twitter und Facebook selbst zu hinterfragen: Die Nutzung ist in der Regel kostenfrei, der Gewinn wird meist über – oftmals personalisierte – Werbeanzeigen erwirtschaftet.

Das führt zu der bedenklichen Konstellation, dass Aufmerksamkeit als Voraussetzung für das gezielte Platzieren von Werbung die einzig relevante Währung für die Betreiber sozialer Medien ist. Durch die Algorithmisierung von Interessen kann es geschehen, dass soziale Medien – entgegen ihrem eigentlichen Potenzial – nicht Grenzen einreißen, sondern diese verfestigen und enger machen. Es kann passieren, dass Personen mit bestimmten politischen oder weltanschaulichen Präferenzen in sozialen Medien gerade jene Inhalte angezeigt bekommen, die ihre schon bestehende Weltsicht bestätigen und so zu einer Verfestigung und nicht einer Überwindung von Vorurteilen führen. Einer der großen Vorzüge des Internets besteht zweifelsfrei darin, dass Wissen leichter zugänglich wird. Bibliotheken digitalisieren ihre Bestände, Universitäten machen ihre Kurse kostenfrei als Podcast verfügbar, wissenschaftliche Fachzeitschriften veröffentlichen ihre Studien online. Zugleich ist es auch leichter geworden, sogenannte *Fake News* zu verbreiten oder gar alte (etwa antisemitische) Verschwörungstheorien auszugraben und digital aufbereitet wieder ins Gespräch zu bringen. Nicht nur Rechtspopulisten wissen das Internet für sich zu nutzen – so ergab eine Studie der Friedrich-Ebert-Stiftung, dass die AfD auf Facebook die größte Reichweite unter den deutschen Parteien im Zuge der Europawahl erreichte[158] –, sondern auch Islamisten. Das bewusste visuelle Anknüpfen an Comics, Filme und Computerspiele ist Teil der Propagandastrategie diverser islamistischer Gruppierungen.[159] Diskurse – die eigentlich der Motor jeder Demokratie sind – erleben in sozialen Medien durch *social bots* und gefälschte Accounts oftmals eine starke Verzerrung. In zahlreichen Staaten ist zudem *hate speech* mitverantwortlich dafür, dass Gräben zwischen gesellschaftlichen Gruppen immer weiter vertieft werden und so der gesellschaftliche Zusammenhalt destabilisiert wird. Lösungsstrategien hierfür müssen daher sowohl national als auch international ansetzen. Die Vereinten Nationen haben die Thematik bereits mit dem *Rabat Plan of Action* (2013) adressiert.[160] Die entscheidende Herausforderung besteht darin, einerseits Hassrede einzudämmen, ohne andererseits das Grundrecht der Meinungsfreiheit unzulässig zu beschneiden. Die Entscheidung darüber, wo die Grenzen des Sagbaren verlaufen, dürfen wir nicht den Betreibern von sozialen Medien überlassen. Die rechtlichen Begrenzungen der Meinungsfreiheit werden durch das Grundgesetz und das Bundesverfassungsgericht definiert. Soziale Medien dürfen hier nicht rechtsfreier Raum sein. Wo jemand die Persönlichkeitsrechte anderer verletzt, wo gegen Menschen gehetzt wird und sich gruppenbezogene Menschenfeindlichkeit äußert, etwa in rassistischen Kommentaren, dort müssen neben einer strafrechtlichen Verfolgung des Täters auch die Rechte der Opfer im Hinblick auf Schadensersatz, Beseitigung oder Unterlassung gewahrt sein. Möglich ist dies nur, wenn es Strafverfolgungsbehörden in solchen Fällen grundsätzlich möglich ist, die Identität des Täters in Erfahrung zu bringen.

Die Würde des Menschen ist unantastbar – dies gilt ohne Abstriche auch für soziale Medien. Deren Anbieter sind daher gefordert, Opfern die Möglichkeit zu geben, einschlägige Inhalte zu melden. Sie sollten darüber hinaus transparente und klare Kriterien für die Löschung solcher Inhalte schaffen und sich gegenüber Polizei und Staatsanwaltschaft kooperativ verhalten. Ein wirksames Instrument gegen Hass und Hetze im Internet ist das auf dem Netzwerkdurchsetzungsgesetz aufbauende, jüngst beschlossene Gesetz zur Bekämpfung des Rechtsextremismus und der Hasskriminalität.[161] Es sieht vor, dass Anbieter sozialer Netzwerke wie etwa Facebook und Twitter in Zukunft dazu verpflichtet sind, strafbare Inhalte an das Bundeskriminalamt zu melden. Indem der Gesetzgeber hier der zunehmenden Verrohung der Kommunikation im Netz entgegentritt und Nutzer vor Androhungen von Gewalt und Hetze schützt, leistet er auch einen wichtigen Beitrag zum Schutz der Meinungsfreiheit.

Eine weitere Herausforderung, von der soziale Medien in besonderer Weise betroffen sind, ist das Phänomen sogenannter *Fake News*, also in manipulativer Absicht verbreitete Falschmeldungen. *Fake News* sind in sozialen Medien ein erhebliches Problem, weil viele diese verstärkt nicht nur als soziales Netzwerk, sondern auch als Informationsquelle gebrauchen. Der „Nutzen" von *Fake News* besteht meist darin, dass Menschen gezielt nach Quellen suchen, um genau jene Meinung zu bestätigen, die sie ohnehin bereits vertreten. So verbreitete das rechtspopulistische Medium *Breitbart* zu Silvester 2016 die Falschmeldung, in Dortmund sei eine Kirche von Tausenden „*Allahu Akbar*"-rufenden Männern in Brand gesteckt worden, und fütterte so das Narrativ einer vermeintlichen Invasion von Islamisten in Deutschland.[162] Im Zuge der US-amerikanischen Präsidentschaftswahlen 2016 etwa wurde auf Facebook und anderen Kanälen die unzutreffende Meldung verbreitet, Papst Franziskus habe sich für den republikanischen Präsidentschaftskandidaten Donald Trump ausgesprochen.[163] *Fake News* sind ein globales Problem, das neben politischen auch unmittelbar tödliche Folgen haben kann: Falschmeldungen über angebliche Kindsentführer führten etwa in Indien zu mehreren Lynchmorden.[164]

Auf die genannten Herausforderungen adäquate und praktikable politische Lösungen zu finden, ist kaum möglich. Erschwerend kommt auch hinzu, dass sich nicht nur demokratische Staaten für die Regulierung sozialer Medien interessieren. Während es in Deutschland darum geht, Recht und Gesetz auch im Netz Geltung zu verschaffen und die Opfer vor unzulässigen, persönlichen Angriffen und Hetze zu schützen, sehen insbesondere undemokratische Staaten in einem Zugriff auf soziale Medien eine Möglichkeit, gegen Dissidenten und Regimekritiker vorzugehen.

Hinsichtlich des Umgangs mit *Fake News* sind verschiedene Strategien denkbar, etwa ein Recht auf Gegendarstellung nach dem Vorbild des Presserechts oder die Einbindung externer Prüf- und Recherchestellen. Allerdings werden hier selbst die besten Strategien angesichts der Vielzahl von *Fake News* niemals in der Lage sein, eine restlose Sicherheit herzustellen. Es ist daher entscheidend, neben allen rechtlichen und strukturellen Maßnahmen vor allem auf eines zu setzen: mündige Nutzer. Wir hatten bereits gesehen, dass Bildung im Sinne des Christlichen Menschenbildes bedeutet, junge Menschen zu befähigen, sich zu verantwortungsvollen und nicht etwa nur nützlichen Individuen zu entfalten. Für den digitalen Bereich könnte dies bedeuten, dass sie auch ein Anrecht auf digitale Bildung haben, die sie für das Phänomen von *Fake News* nicht nur grundsätzlich sensibilisiert, sondern auch die Fähigkeit vermittelt, Berichte einzuordnen und insbesondere auch Quellen kritisch prüfen zu können. Es gehört zu den größten politischen Herausforderungen im Bildungsbereich, Strategien und tragfähige Programme digitaler Bildung zu entwickeln und zielführend in das Bildungssystem zu integrieren. Demokratie lebt vom ehrlichen Diskurs mündiger Bürger – diesem Anspruch müssen wir auch und gerade im digitalen Bereich gerecht werden.

Schluss

Wir stehen vor großen Herausforderungen. Für die Europäische Union, die sich dezidiert auch als Wertegemeinschaft versteht, ist die Migrationsfrage der Lackmustest schlechthin. Verfällt sie langfristig in nationale Egoismen oder gelingt es ihren Mitgliedstaaten, gemeinsame Lösungen zu finden, die dem europäischen Wertegefüge gerecht werden? Global stellt sich die Frage in ähnlicher Weise für die Herausforderung des Klimawandels. Eine Politik, die sich am Christlichen Menschenbild orientiert, hat hier mit dem Konzept der Schöpfungsverantwortung, die Mensch und Natur umfasst, eine tragfähige Orientierung zu bieten.

Die Einsicht, dass der Mensch Person ist, dass er einen Anspruch auf Solidarität hat, dass Strukturen so gestaltet werden sollten, dass sie den Einzelnen nicht entmündigen, sondern befähigen, und dass der Mensch immer auch Teil einer Gemeinschaft ist, für deren Wohl er mitverantwortlich ist, bilden entscheidende Parameter für die Entwicklung tragfähiger, am Menschen orientierter Politik. Als Mensch, als Christ und als Politiker war es stets und ist es auch heute meine tiefste Überzeugung, dass das Christliche Menschenbild eine entscheidende Quelle der Orientierung nicht nur *in*, sondern auch *für* eine säkulare Gesellschaft bieten kann.

Weil das Christliche Menschenbild eine wichtige Ressource für uns als Gesellschaft ist, dürfen wir nicht zulassen, dass es durch Rechtspopulisten vereinnahmt wird. Wo man das „C“ instrumentalisiert, um andere auszuschließen, etwa weil sie keine Christen sind oder angeblich unsere Werte nicht teilen, wird es in sein Gegenteil verkehrt. Unabhängig vom persönlichen Bekenntnis haben wir als Gesellschaft ein Interesse daran, die Quelle, die das „C“ darstellt, nicht versiegen zu lassen.

Das Christliche Menschenbild ist der entscheidende Orientierungsmaßstab christdemokratischer Politik. Es ist der Kompass, an dem sich unsere politische Willensbildung ausrichten kann. Zugleich gibt dieser Kompass in den wenigsten Fällen konkret vor, wie politische Sachfragen im Detail zielführend anzugehen sind. Gerade in diesem Verzicht auf allumfassende weltanschauliche Ansprüche und im Wissen um die Freiheit, aber auch die Fehlbarkeit des Menschen und der Politik ist das Christliche Menschenbild ein tragfähiges Fundament für die Gestaltung unserer Gegenwart und Zukunft. Es sieht die Welt und die Menschen in ihr weder düsterer, als sie sind, noch verspricht es den Himmel auf Erden, sondern ermutigt zu Vertrauen in den Menschen, der in Freiheit Verantwortung für seine Mitmenschen übernehmen und so die Welt gestalten kann. Das Christliche Menschenbild unterscheidet sich von anderen Menschenbildern, die den Menschen verändern wollen, gerade darin, dass es ihn nimmt, wie er ist, in all seiner Ambivalenz, seiner Größe und Schwäche. Politik ist im Kern immer das Ringen um die rechte Ordnung menschlichen Zusammenlebens. Sie muss stets durch den Menschen bestimmt werden und nicht umgekehrt. In Zeiten, in denen diese Einsicht ihre Selbstverständlichkeit angesichts großer ideologischer Würfe zu verlieren droht, in denen gesellschaftliche Polarisierungen sich oftmals unversöhnlich verschärfen, können, ja dürfen wir nicht auf die integrative Kraft des Christlichen Menschenbildes verzichten.

Anmerkungen

Danksagung

1 Kleist, Heinrich von, Über die allmählige Verfertigung der Gedanken beim Reden. Zwiespältige Ausgabe mit aktuellen Überlegungen von Vera F. Birkenbihl, Frankfurt a. M. 1999.

Einleitung

Kapitel 1: Christliches Menschenbild und säkulare Gesellschaft?

2 Forschungszentrum Generationenverträge, Langfristige Projektion der Kirchenmitglieder und des Kirchensteueraufkommens in Deutschland, Freiburg 2019, abrufbar unter: https://dbk.de/themen/kirche-und-geld/projektion-2060 (2. April 2020, 14.36 Uhr).

3 Huber, Wolfgang, Selbstvergleichgültigung. Religiöse Symbole im öffentlichen Raum, in: Herder Korrespondenz 5/2015, S. 222.

4 Ebd.

5 Böckenförde, Ernst-Wolfgang, Die Entstehung des Staates als Vorgang der Säkularisation, in: ders. (Hg.), Recht, Staat, Freiheit. Studien zur Rechtsphilosophie, Staatstheorie und Verfassungsgeschichte, Frankfurt a. M. 2006, S. 122 f.

6 So im Rahmen einer Diskussionsveranstaltung in Leipzig, siehe hier: https://www.evangelisch.de/inhalte/157189/26-06-2019/gregor-gysi-ohne-bergpredigt-keine-allgemeinverbindliche-moral (31. März 2020, 23.35 Uhr).

7 Ladenthin, Volker, Inhalt und Bedeutung des christlichen Menschenbildes, in: Gauger, Jörg-Dieter/Küsters, Hanns Jürgen (Hgg.), Das christliche Menschenbild. Zur Geschichte, Theorie und Pragmatik der CDU, Freiburg i. Br. 2013, S. 120–148, hier: S. 144.

8 Christliche Demokraten Kölns, Vorläufiger Entwurf zu einem Programm der Christlich Demokratischen Union Deutschlands, Köln 1945, S. 2, abrufbar unter: https://www.kas.de/c/document_library/get_file?uuid=4f5fb2c8-cc49-58e1-87cf-e94d6f3a9e26&groupId=252038 (31. März 2020, 23.47 Uhr).

9 Grundsatzprogramm Freiheit, Solidarität, Gerechtigkeit, verabschiedet auf dem 26. Bundesparteitag der CDU, Ludwigshafen 23.–25. Oktober 1978, S. 123, abrufbar unter: https://www.kas.de/c/document_library/get_file?uuid=c44fbaf4-a603-d097-6898-e72e6fae6f39&groupId=252038 (31. März 2020, 23.52 Uhr).

10 Vgl. Schmitz, Sven-Uwe, Konservativismus, Wiesbaden 2009, S. 143.

11 Kretschmann, Winfried, Worauf wir uns verlassen wollen. Für eine neue Idee des Konservativen, Frankfurt a. M. 2018.

12 Gerstenmaier, Eugen, Was heißt heute konservativ?, in: Der Monat 14 (1962), Heft 166, S. 27–30.

13 Ebd., S. 28.

14 Zitiert nach Lammert, Norbert, Ansprache anlässlich der Verleihung des Wissenschaftspreises des Deutschen Bundestages 2006, abrufbar unter: https://www.bundestag.de/parlament/praesidium/reden/2006 (28. April 2020, 11.37 Uhr).

15 Freiheit und Sicherheit. Grundsätze für Deutschland, beschlossen vom 21. Parteitag der CDU, Hannover 3.–4. Dezember 2007, S. 4.

16 Knauer, Peter, Unseren Glauben verstehen, Würzburg 1995, S. 215.

17 Adenauer, Konrad, Erinnerungen 1945–1953, Stuttgart 1980, S. 56 f.

18 Christliche Demokraten Kölns, Vorläufiger Entwurf zu einem Programm der Christlich Demokratischen Union Deutschlands, Köln 1945, S. 2; abrufbar unter: https://www.kas.de/c/document_library/get_file?uuid=4f5fb2c8-cc49-58e1-87cf-e94d6f3a9e26&groupId=252038 (31. März 2020, 23.47 Uhr).

19 Ebd.

20 Christlich-Demokratische Union Deutschlands, Gründungsaufruf, 26. Juni 1945, abrufbar unter: https://www.kas.de/c/document_library/get_file?uuid=398ab9f6-a59e-6607-1af0-aae4bd62b26f&groupId=252038 (1. April 2020, 11.45 Uhr).

21 Düsseldorfer Leitsätze über Wirtschaftspolitik, Landwirtschaftspolitik, Sozialpolitik, Wohnungsbau vom 15. Juli 1949, abrufbar unter: https://www.kas.de/c/document_library/get_file?uuid=e96f38a1-b923-a79e-c5a3-11569de3f64e&groupId=252038 (1. April 2020, 11.48 Uhr).

22 Berliner Programm, 1. Fassung, 1968, abrufbar unter: https://www.kas.de/c/document_library/get_file?uuid= 48998652-a937-c1b0-6283-f9895032bca3&groupId=252038 (1. April 2020, 12.01 Uhr).

23 Berliner Programm, 2. Fassung, verabschiedet auf dem 18. Bundesparteitag, Düsseldorf 25.–27. Januar 1971, S. 4.
24 Grundsatzprogramm Freiheit, Solidarität, Gerechtigkeit, verabschiedet auf dem 26. Bundesparteitag der CDU, Ludwigshafen 23.–25. Oktober 1978, S. 126, abrufbar unter: https://www.kas.de/c/document_library/get_file?uuid=c44fbaf4-a603-d097-6898-e72e6fae6f39&groupId=252038 (1. April 2020, 13.21 Uhr).
25 Ebd., S. 124.
26 Ebd.
27 Ebd.
28 Ebd., 123.
29 Vgl. zu diesem Vorwurf, der etwa vonseiten der „Aktionsgemeinschaft Vierte Partei“ erhoben wurde: Stöss, Richard, Parteien-Handbuch. Die Parteien der Bundesrepublik Deutschland 1945–1980, Wiesbaden 1986, S. 352.
30 Freiheit in Verantwortung. Grundsatzprogramm der Christlich Demokratischen Union Deutschlands, verabschiedet auf dem 5. Parteitag, Hamburg 20.–23. Februar 1994, S. 3, abrufbar unter: https://www.kas.de/c/document_library/get_file?uuid=3c7580d4-1a63-31f6-5d94-4f057de659c0&groupId=252038 (1. April 2020, 13.27 Uhr).
31 Ebd.
32 Ebd.
33 Ebd., S. 99 f.
34 Ebd., S. 4.
35 Ebd., S. 5.
36 Freiheit und Sicherheit. Grundsätze für Deutschland. Das Grundsatzprogramm, verabschiedet auf dem 21. Parteitag, Hannover 3.–4. Dezember 2007, S. 2. Abrufbar unter: https://www.cdu.de/system/tdf/media/dokumente/071203-beschluss-grundsatzprogramm-6-navigierbar.pdf?file=1 (1. April 2020, 13.29 Uhr).
37 Ebd., S. 5.

Kapitel 2: Grundlinien eines Christlichen Menschenbildes

38 Dieser Wortlaut ist den Folien zum Vortrag entnommen, abrufbar unter: https://www.loccum.de/tagungen/1932 (10. Mai 2020, 12.36 Uhr).
39 Ebd.
40 Vgl. Korff, Wilhelm, Revolution zum Humanen, in: Theologische Quartalschrift 153 (1973), S. 15–24.
41 Knauer, Peter, Der Glaube kommt vom Hören. Ökumenische Fundamentaltheologie, Freiburg i. Br. 1991, insbesondere S. 64 und 138.

42 Dietrich Bonhoeffer Werke, Band 6 (= Ethik), Gütersloh 2015, S. 141 f.
43 Zitiert nach: Kant, Immanuel, Grundlegung zur Metaphysik der Sitten. Kommentar von Christoph Horn, Corinna Mieth und Nico Scarano, Frankfurt a. M. 2007, S. 434.
44 Vgl. Athanasius inc. 54,3; Irenäus haer. 3, 19,1.
45 Vgl. Goethe, Johann Wolfgang, Faust. Der Tragödie Erster Teil, Stuttgart 2000, S. 36.
46 Knauer, Peter, Unseren Glauben verstehen, Würzburg 1995, S. 216.
47 Die 10 Gebote der sozialistischen Moral und Ethik, teilweise auch „10 Gebote für den neuen sozialistischen Menschen" genannt, wurden auf dem V. Parteitag der SED (10.–16. Juli 1958) von Walter Ulbricht verkündet. Eine Übersicht der Gebote findet sich in dem FDGB-Lexikon der Friedrich-Ebert-Stiftung: http://library.fes.de/FDGB-Lexikon/texte/sachteil/z/10_Gebote_der_sozialistischen_Moral.html (1. April 2020, 9.57 Uhr).
48 Vgl. Cicero, De officiis I, 106. Für die Unterscheidung zwischen differenzierter und gemeinsamer Würde vgl. Vogel, Bernhard, Im Zentrum: Menschenwürde, Berlin 2006, S. 19 f.
49 Plutarch, De Alexandri virtute (fortuna) I 6 = SVF I frag. 262, hier zitiert nach Cancik, Hubert, Antik – Modern. Beiträge zur römischen und deutschen Kulturgeschichte, herausgegeben von Richard Faber, Barbara von Reibnitz und Jörg Rüpke, Stuttgart/Weimar 1998, S. 298.
50 Seneca, Ad Lucilium Epistulae morales nr. 95, (=XV/3), deutsche Übersetzung in: Seneca, Philosophische Schriften, Darmstadt 1984, IV, S. 493 f.
51 Vgl. Hilpert, Konrad, Ethik der Menschenrechte. Zwischen Rhetorik und Verwirklichung, Paderborn 2019, S. 84.
52 Seneca, De beneficiis 3, 18, hier zitiert nach: Hilpert, Konrad, Die Menschenrechte. Geschichte Theologie Aktualität, Düsseldorf 1991, S. 96.
53 Vgl. auch Hilpert, Konrad, Ethik der Menschenrechte. Zwischen Rhetorik und Verwirklichung, Paderborn 2019, S. 17 f.
54 Fritzsche, Karl-Peter, Menschenrechte. Eine Einführung mit Dokumenten, Paderborn 2016, S. 18–22.
55 Resolution der Generalversammlung 217 A (III), Allgemeine Erklärung der Menschenrechte, 10. Dezember 1948, S. 1.
56 Joas, Hans, Die Sakralität der Person. Eine neue Genealogie der Menschenrechte, Berlin 2015, S. 257.

57 Hobbes, Thomas, Leviathan. Aus dem Englischen übertragen von Jutta Schlösser. Herausgegeben von Hermann Klenner. Hamburg 1996, S. 107–134 (= Kapitel XIV und XV).

58 Vgl. Rorty, Richard, Human Rights, Rationality and Sentimentality, in: ders., Truth and Progress, Cambridge 1998, S. 167–185, hier: S. 185.

Kapitel 3: Leitideen für eine Politik, die sich am „C" orientiert

59 Vgl. Nell-Breuning, Oswald von, Baugesetze der Gesellschaft. Solidarität und Subsidiarität, Freiburg i. Br. 1992.

60 Johanes XXIII., Enzyklika Mater et Magistra, 1961, 219.

61 Fichte, Johann Gottlieb, Grundlage des Naturrechts nach Principien der Wissenschaftslehre, Sämtliche Werke, Zweite Abtheilung. A. Zur Rechts- und Sittenlehre, Erster Band. Berlin 1845, S. 39.

62 Benedikt XVI., Enzyklika Caritas in veritate, 2009, 38.

63 Demokratie braucht Tugenden. Gemeinsames Wort des Rates der Evangelischen Kirche in Deutschland und der Deutschen Bischofskonferenz zur Zukunft unseres demokratischen Gemeinwesens (= Gemeinsame Texte Nr. 19, November 2006), abrufbar unter: https://www.ekd.de/demokratie_tugenden_0.htm (1. April 2020, 13.43 Uhr).

64 Kraut, Richard, Aristotle's Critique of False Utopias (II 1–12), in: Höffe, Ottfried (Hg.), Politik (= Klassiker auslegen, Band 23), Berlin 2001, S. 59–74, hier: S. 61–63.

65 Vgl. Härtel, Ines, § 82 Kohäsion durch föderale Selbstbindung. Gemeinwohl und die Rechtsprinzipien Loyalität, Solidarität und Subsidiarität in der Europäischen Union, in: dies. (Hg.), Handbuch Föderalismus. Föderalismus als demokratische Rechtsordnung und Rechtskultur in Deutschland, Europa und der Welt (Band IV: Föderalismus in Europa und der Welt), Berlin/Heidelberg 2012, S. 63–240, hier S. 211.

66 Siehe Amtsblatt der Europäischen Union Nr. C 191 vom 29. Juli 1992, S. 0001–0110.

67 Pius XI., Enzyklika Quadragesimo anno, 1931, 79 f., hier zitiert nach der Übersetzung der Österreichischen Kommission Iustitia et Pax, Dokumentationsarchiv zur Katholischen Soziallehre (DAKS), S. 21 f., abrufbar unter: https://ordosocialis.de/pdf/Enzykliken/1931-pius-xi-quadragesimo-anno.pdf (1. April 2020, 14.42 Uhr).

68 Carlowitz, Hans Carl von, Sylvicultura Oeconomica, Leipzig 1713, S. 105.

69 United Nations General Assembly, Report of the United Nations Conference on Environment and Development (Rio de Janeiro, 3.–14. Juni 1992) (=A/CONF.151/26 (Vol. I.)), S. 1, abrufbar unter: https://www.un.org/en/development/desa/population/migration/generalassembly/docs/globalcompact/A_CONF.151_26_Vol.I_Declaration.pdf (1. April 2020, 15.23 Uhr).

70 Vogt, Markus, Entwicklung, Zukunft und das Ethos globaler Gerechtigkeit, in: Herz, Otto/Sybold, Hansjörg/Strobl, Gottfried (Hgg.), Bildung für nachhaltige Entwicklung. Globale Perspektiven und neue Kommunikationsmedien, Opladen 2001, S. 117–122, hier: S. 120.

71 Franziskus, Heilige Messe und Übergabe des Palliums und des Fischerrings zum Beginn des Petrusdienstes des Bischofs von Rom, Dienstag, 19. März 2013, Hochfest des heiligen Josef, abrufbar unter: http://www.vatican.va/content/francesco/de/homilies/2013/documents/papa-francesco_20130319_omelia-inizio-pontificato.html (1. April 2020, 15.33 Uhr).

72 Zitiert nach Kohlberger, Irene, Heilige im Gespräch. Ordensgründer, Bettler und Gelehrte, Norderstedt 2019, S. 170.

73 Höffe, Otfried, Gibt es christliche Politik – und wenn ja, warum und wie viel?, erschienen online am 28. Mai 2019 auf: https://www.faz.net/aktuell/politik/die-gegenwart/otfried-hoeffe-gibt-es-christliche-politik-und-wenn-ja-warum-und-wie-viel-16140876.html (1. April 2020, 15.44 Uhr).

74 Johannes XXIII., Enzyklika Pacem in terris, 1963.

75 Vgl. hierzu: Institut für Demoskopie Allensbach. Grenzen der Freiheit. Eine Dokumentation des Beitrags von Prof. Dr. Renate Köcher in der Frankfurter Allgemeinen Sonntagszeitung Nr. 119 vom 23. Mai 2019, abrufbar unter: https://www.ifd-allensbach.de/fileadmin/user_upload/FAZ_Mai2019_Meinungsfreiheit.pdf (1. April 2020, 15.53 Uhr).

76 Vgl. BVerfG, Beschluss des Ersten Senats vom 15. Januar 1958 – 1 BvR 400/51 –, Rn. 1–75, hier: Rn. 31.

77 Vgl. Osburg, Enno, Neumann, Ulrich, Mordaufrufe gegen die Kanzlerin, in: tagesschau.de, 24. März 2020, abrufbar unter: https://www.tagesschau.de/investigativ/report-mainz/hass-merkel-101.html (3. Juli 2020, 9.28 Uhr).

78 Vgl. Wienand, Lars, AfD-Abgeordnete löschen Hetz-Tweets zu Merkel-Quarantäne, in: t-online.de, 23. März 2020, abrufbar unter: https://www.t-online.de/nachrichten/deutschland/id_87572162/afd-politiker-loeschen-hetz-tweets-zu-angela-merkel-in-quarantaene.html (3. Juli 2020, 9.24 Uhr).

79 Vgl. Weiser, Michael, Bad Aiblinger AfD-Politiker Winhart über Merkel: „Hinter Gitter wäre besser“, in: OVB online, 24. März 2020, abrufbar unter: https://www.ovb-online.de/rosenheim/landkreis/winhart-ueber-merkel-aiblinger-afd-politiker-winhart-provoziert-aeusserung-merkel-twitter-13610320.html (3. Juli 2020, 9.32 Uhr).

80 Schweitzer, Albert, Die Lehre der Ehrfurcht vor dem Leben, Berlin 1967, S. 31.

81 Vgl. Steiner, Till Magnus, Du sollst nicht lügen? – Das achte Gebot, in: katholisch.de, 26. Mai 2019, abrufbar unter: https://www.katholisch.de/artikel/21801-du-sollst-nicht-lugen-das-achte-gebot (27. April 2020, 15.43 Uhr).

82 Vgl. Kamann, Matthias, Was Höcke mit der „Denkmal der Schande“-Rede bezweckt, 18. Januar 2017, abrufbar unter: https://www.welt.de/politik/deutschland/article161286915/Was-Hoecke-mit-der-Denkmal-der-Schande-Rede-bezweckt.html (27. April 2020, 15.51 Uhr).

83 Ebd.

84 Vgl. Höcke und das „liebe Volk“ – Skandalrede zeigt AfD-Dilemma, 18. Januar 2017, abrufbar unter: https://www.sueddeutsche.de/politik/parteien-hoecke-und-das-liebe-volk-skandalrede-zeigt-afd-dilemma-dpa.urn-newsml-dpa-com-20090101-170118-99-927269 (27. April 2020, 15.54 Uhr).

85 Ebd.

Kapitel 4: Das Christliche Menschenbild in der Politik

86 Pew Research Center, A Closer Look at How Religious Restrictions Have Risen Around the World, 15. Juli 2019, abrufbar unter: https://www.pewforum.org/wp-content/uploads/sites/7/2019/07/Restrictions_X_WEB_7-15_FULL-VERSION-1.pdf (1. April 2020, 16.05 Uhr).

87 Resolution der Generalversammlung 217 A (III), Allgemeine Erklärung der Menschenrechte, 10. Dezember 1948, S. 4, abrufbar unter: https://www.un.org/depts/german/menschenrechte/aemr.pdf (1. April 2020, 16.28 Uhr).

88 Deutsche Übersetzung hier zitiert nach: Sekretariat der Deutschen Bischofskonferenz, Kirchenamt der Evangelischen Kirche in Deutschland (EKD) (Hgg.), Ökumenischer Bericht zur Religionsfreiheit von Christen weltweit (= Gemeinsame Texte Nr. 25), Bonn/Hannover 2017, S. 10.

89 Vgl. ebd., S. 46–57, hier: S. 49.

90 Jellinek, Georg, Die Erklärung der Menschen- und Bürgerrechte, Leipzig 1895, neue Ausgabe Schutterwald/Baden 1996, S. 74.

91 Vgl. Baumgart-Ochse, Claudia, Schutz der Religion oder Schutz der Gläubigen? Die Organisation für Islamische Zusammenarbeit und die Kampagne gegen die „Diffamierung von Religion“, Frankfurt a. M. 2014.

92 Christlicher Glaube und religiöse Vielfalt in evangelischer Perspektive. Ein Grundlagentext des Rates der EKD, 2015, abrufbar unter: https://www.ekd.de/567.htm (3. Juli 2020, 10.00 Uhr).

93 Vgl. hierzu Kirche in Not, Christen in großer Bedrängnis. Diskriminierung und Unterdrückung – Dokumentation 2018, München 2018, vor allem S. 75–77.

94 Vgl. Spokesperson for UN High Commissioner for Human Rights Jeremy Lawrence, Press briefing on India, Genf 13. Dezember 2019, abrufbar unter: https://www.ohchr.org/en/NewsEvents/Pages/DisplayNews.aspx?NewsID=25425&LangID=E (27. April 2020, 16.21 Uhr).

95 BT-Drucksache 19/5041, S. 1, abrufbar unter: https://dip21.bundestag.de/dip21/btd/19/050/1905041.pdf (1. April 2020, 17.02 Uhr).

96 Ebd., S. 3.

97 Bielefeldt, Heiner, 3. Schwerpunkt Apostasie. Die Freiheit zum Glaubenswechsel, in: DBK/EKD (Hgg.), Ökumenischer Bericht zur Religionsfreiheit von Christen weltweit (= Gemeinsame Texte Nr. 25), Bonn/Hannover 2017, S. 46–57, hier S. 47.

98 Vgl. Bundesamt für Migration und Flüchtlinge/Informationszentrum Asyl und Migration, Iran. Situation der Christen (= Länderreport 10), Stand 2/2019, abrufbar unter: https://www.bamf.de/SharedDocs/Anlagen/DE/Behoerde/Informationszentrum/Laenderreporte/2019/laenderreport-10-iran.pdf?__blob=publicationFile&v=5 (1. April 2020, 17.05 Uhr).

99 Vgl. BVerfG, Beschluss der 1. Kammer des Zweiten Senats vom 03. April 2020 – 2 BvR 1838/15 –, Rn. 1–40.

100 Vgl. UNO-Flüchtlingshilfe, Dramatische Entwicklung setzt sich fort: 68,5 Millionen Menschen auf der Flucht, 19. Juni 2018, abrufbar unter: https://www.uno-fluechtlingshilfe.de/informieren/aktuelles/news/uebersicht/detail/artikel/dramatische-entwicklung-setzt-sich-fort-685-millionen-menschen-auf-der-flucht (27. April 2020, 16.26 Uhr).

101 Resolution der Generalversammlung 217 A (III), Allgemeine Erklärung der Menschenrechte, 10. Dezember 1948, S. 3. Abrufbar unter: https://www.un.org/depts/german/menschenrechte/aemr.pdf (1. April 2020, 17.12 Uhr).

102 Zitiert nach Baumstieger, Moritz/Schlötzer, Christiane, Tumulte an der EU-Grenze. „Wir haben die Tore geöffnet“, in: Süddeutsche Zeitung vom 1. März 2020, abrufbar unter: https://www.sueddeutsche.de/politik/tuerkei-eu-grenzoeffnung-1.4827068 (1. April 2020, 17.19 Uhr).

103 Europäischer Rat, Pressemitteilung „Erklärung EU-Türkei“, 18. März 2016, abrufbar unter: https://www.consilium.europa.eu/de/press/press-releases/2016/03/18/eu-turkey-statement (1. April 2020, 17.23 Uhr).

104 Weber, Max, Politik als Beruf, in: Gesammelte Politische Schriften, herausgegeben von J. Winckelmann, Tübingen 1988, S. 551–552.

105 Vgl. Bundesamt für Migration und Flüchtlinge, Schlüsselzahlen Asyl 2019, abrufbar unter: https://www.bamf.de/SharedDocs/Anlagen/DE/Statistik/SchluesselzahlenAsyl/flyer-schluesselzahlen-asyl-2019.html (1. April 2020, 17.28 Uhr).

106 Franziskus, Apostolisches Schreiben Evangelii Gaudium, 2013.

107 The Organisation of the Islamic Conference, The Cairo Declaration on Human Rights in Islam (Annex to Res. No. 49/19 – P), 5. August 1990, abrufbar unter: https://www.oic-iphrc.org/en/data/docs/legal_instruments/OIC_HRRIT/571230.pdf (1. April 2020, 17.35 Uhr).

108 Bundespräsident Christian Wulff, Rede zum 20. Jahrestag der Deutschen Einheit. Vielfalt schätzen – Zusammenhalt fördern, Bremen, 3. Oktober 2010, abrufbar unter: http://www.bundespraesident.de/SharedDocs/Reden/DE/Christian-Wulff/Reden/2010/10/20101003_Rede.html (1. April 2020, 17.42 Uhr).

109 Vgl. Koopmans, Ruud, Gehört der real existierende Islam zu Deutschland, in: Linnemann, Carsten/Bausback, Winfried (Hgg.), Der Politische Islam gehört nicht zu Deutschland, Freiburg i. Br. 2019, S. 11–23, hier: S. 15.

110 Vgl. Jacobs, Philipp/Reisener, Thomas, NRW lehnt Kooperation mit Ditib ab, in: RP Online, 25. Mai 2018, abrufbar unter: https://rp-online.de/nrw/landespolitik/nrw-lehnt-kooperation-mit-islamverband-ditib-ab_aid-22854027 (1. April 2020, 23.04 Uhr).

111 Vgl. Uyar, Ilias, Vereint in der Leugnung, in: taz, 24. April 2017, abrufbar unter: https://taz.de/Jahrestag-des-Armenier-Genozids/!5403313 (1. April 2020, 23.13 Uhr).

112 Vgl. Moscheenverein Ditib auf der Liste des Verfassungsschutzes?, in: Deutsche Welle, 20. September 2018, abrufbar unter: https://www.dw.com/de/moscheeverein-ditib-auf-der-liste-des-verfassungsschutzes/a-45582045 (1. April 2020, 23.18 Uhr).

113 Vgl. Bundesministerium des Innern, Verfassungsschutzbericht 2009. Vorabfassung, S. 229.

114 Vgl. Bayerisches Staatsministerium des Innern, Sport und Integration, Verfassungsschutzbericht 2018, S. 45–47.

115 Vgl. Landesamt für Verfassungsschutz Hamburg, Iranische Islamisten. Funktionäre des Islamischen Zentrums Hamburg unterstützen israelfeindlichen „Quds-Tag" in Berlin, 8. Juli 2016, abrufbar unter: https://www.hamburg.de/innenbehoerde/schlagzeilen/6509770/islamisches-zentrum-hamburg-verfassungsschutz (1. April 2020, 23.47 Uhr).

116 Vgl. Koopmans, Ruud, Gehört der real existierende Islam zu Deutschland, in: Linnemann, Carsten/Bausback, Winfried (Hgg.), Der Politische Islam gehört nicht zu Deutschland, Freiburg i. Br. 2019, S. 11–23.

117 Kirchenamt der Evangelischen Kirche in Deutschland (EKD), Klarheit und gute Nachbarschaft. Christen und Muslime in Deutschland (= EKD Texte 86), Hannover 2006.

118 Ebd., S. 9.

119 Zitiert nach Regenbrecht, Aloysius, Johann Michael Sailers „Idee der Erziehung". Eine Untersuchung zur Einheit des Erziehungsbegriffs (= Grundfragen der Pädagogik 14), Freiburg i. Br. 1961, S. 120.

120 Zitiert nach: Konrad-Adenauer-Stiftung, Konrad Adenauer und die Europäische Integration. Eine Ausstellung des Archivs für Christlich-Demokratische Politik, abrufbar unter: https://www.kas.de/de/web/suedbaden/veranstaltungen/detail/-/content/konrad-adenauer-und-die-europaeische-integration2-v1 (2. April 2020, 0.09 Uhr).

121 Vgl. Eurobarometer 74, Herbst 2010: Die öffentliche Meinung in der Europäischen Union, Februar 2011, abrufbar unter: https://ec.europa.eu/commfrontoffice/publicopinion/archives/eb/eb74/eb74_publ_de.pdf (27. April 2020, 16.36 Uhr).

122 Konsolidierte Fassungen des Vertrags über die Europäische Union und des Vertrags über die Arbeitsweise der Europäischen Union, in: Amtsblatt der Europäischen Union C 202/1 vom

7. Juni 2016, abrufbar unter: https://eur-lex.europa.eu/legal-content/DE/TXT/?uri=CELEX:12016ME/TXT (2. April 2020, 0.18 Uhr).

123 Konrad Adenauer am 7. Februar 1951 in einer Rede vor der Foreign Press Association in London, in: Bulletin des Presse- und Informationsamtes der Bundesregierung Nr. 19/51, S. 314.

124 Konsolidierte Fassungen des Vertrags über die Europäische Union und des Vertrags über die Arbeitsweise der Europäischen Union, in: Amtsblatt der Europäischen Union C 83 vom 30. März 2010, S. 15.

125 Vgl. bspw. Cusumano, Eugenio et al., Sea Rescue NGOs: a Pull Factor of Irregular Migration?, in: Policy Briefs 2019/22, abrufbar unter: https://op.europa.eu/de/publication-detail/-/publication/66c3ef7b-64e0-11ea-b735-01aa75ed71a1, (27. April 2020, 16.42 Uhr).

126 Vgl. UNHCR, FAQ Seenotrettung, abrufbar unter: https://www.unhcr.org/dach/de/services/faq/faq-seenotrettung (10. Juli 2020, 11.17 Uhr).

127 UNHCR, Operational Portal Refugee Situations – Mediteranian Situation, Stand November 2019, abrufbar unter: https://data2.unhcr.org/en/situations/mediterranean (2. April 2020, 0.25 Uhr).

128 Bundesministerium für wirtschaftliche Zusammenarbeit und Entwicklung, Religion als Partner in der Entwicklungszusammenarbeit, 2016, S. 11, abrufbar unter: https://www.bmz.de/de/mediathek/publikationen/reihen/infobroschueren_flyer/infobroschueren/Materialie275_religionen_als_partner.pdf (2. April 2020, 0.29 Uhr).

129 Bundesministerium für wirtschaftliche Zusammenarbeit und Entwicklung, Religion und Entwicklung, Zusammenarbeit mit den Kirchen und anderen Religionsgemeinschaften, abrufbar unter: https://www.bmz.de/de/themen/religion-und-entwicklung/kirchen/index.html (2. April 2020, 0.32 Uhr).

130 Bundesministerium für wirtschaftliche Zusammenarbeit und Entwicklung, Religion als Partner in der Entwicklungszusammenarbeit, 2016, S. 25.

131 Ebd.

132 Vgl. BT-Plenarprotokoll 12/99, S. 8223 ff.

133 Vgl. BVerfG, Urteil vom 28. Mai 1993 – 2 BvF 2/90 –, BVerfGE 88, S. 203–366.

134 Vgl. hierzu Bundestagsdrucksache 16/11106 vom 26. November 2008, abrufbar unter: http://dip21.bundestag.de/dip21/btd/16/111/1611106.pdf (2. April 2020, 12.44 Uhr) sowie das entsprechende Gesetz zur Änderung des Schwangerschaftskonfliktgesetzes im Bundesgesetzblatt 2009, Teil I Nr. 58, ausgegeben zu Bonn am 14. September 2009, S. 2990 f., abrufbar unter: https://www.bgbl.de/xaver/bgbl/start.xav?startbk=Bundesanzeiger_BGBl&start=//*[@attr_id=%27bgbl109s2990.pdf%27]#__bgbl__%2F%2F*%5B%40attr_id%3D%27bgbl109s2990.pdf%27%5D__1585824269323 (2. April 2020, 12.46 Uhr).

135 Vgl. Deutsche Stiftung Organtransplantation, Jahresbericht Organspende und Transplantation in Deutschland 2018, S. 62.

136 Vgl. Bundeszentrale für gesundheitliche Aufklärung, Wissen, Einstellung und Verhalten zur Organ- und Gewebespende, abrufbar unter: https://www.organspende-info.de/zahlen-und-fakten/einstellungen-und-wissen.html (2. April 2020, 12.55 Uhr).

137 Organtransplantationen. Erklärung der Deutschen Bischofskonferenz und des Rates der EKD (= Gemeinsame Texte 1), Hannover 1990, S. 17, abrufbar unter: https://www.dbk.de/fileadmin/redaktion/veroeffentlichungen/gem-texte/GT_01.pdf (2. April 2020, 12.57 Uhr).

138 Vgl. BT-Plenarprotokoll 19/140, S. 17430 ff.

139 Vgl. Dugge, Marc, Organspende. Spaniens Zahlen sind nicht wegen der Widerspruchslösung höher, in: Deutschlandfunk, 16. Januar 2020, abrufbar unter: https://www.deutschlandfunk.de/organspende-spaniens-zahlen-sind-nicht-wegen-der.795.de.html?dram:article_id=467924 (2. April 2020, 13.01 Uhr).

140 Vgl. BT-Drucksache 19/11087 vom 25. Juni 2019.

141 Vgl. Nationaler Ethikrat, Selbstbestimmung und Fürsorge am Lebensende. Stellungnahme, Berlin 2006, S. 48–56, abrufbar unter: https://www.ethikrat.org/fileadmin/Publikationen/Stellungnahmen/Archiv/Stellungnahme_Selbstbestimmung_und_Fuersorge_am_Lebensende.pdf (2. April 2020, 13.05 Uhr).

142 Siehe hierzu: BVerfG, Urteil des Zweiten Senats vom 26. Februar 2020 – 2 BvR 2347/15 –, Rn. 1–343, abrufbar unter: https://www.bundesverfassungsgericht.de/SharedDocs/Entscheidungen/DE/2020/02/rs20200226_2bvr234715.html (2. April 2020, 13.07 Uhr).

143 Vgl. ebd., Rn. 235.

144 Konrad Adenauer vor dem Repräsentantenhaus der USA am 28. Mai 1957, zitiert nach: Konrad Adenauer Stiftung, Soziale Marktwirtschaft. Garant für wirtschaftlichen Erfolg und soziale Stabilität, abrufbar unter: https://www.kas.de/fr/web/soziale-marktwirtschaft (2. April 2020, 13.14 Uhr).

145 Zitiert nach Issing, Otmar, Deutschland – Ludwig-Erhard-Land? Festrede zur Verleihung des Fürther Ludwig-Erhard-Preises am 29. Juli 2015 in Fürth, abrufbar unter: https://www.ludwig-erhard.de/erhard-aktuell/standpunkt/deutschland-ludwig-erhard-land (2. April 2020, 13.19 Uhr).

146 Erhard, Ludwig, Freiheit und Verantwortung, in: ders., Gedanken, S. 676–683, hier: S. 677.

147 Zitiert nach Bergsdorf, Wolfgang, Christliche Quellen der Freiheit. Warum die Begrenztheit der Demokratie und die Totalität des Glaubens einander bedingen, in: Die Politische Meinung 486 (Mai 2010), S. 26–30, S. 27.

148 Zitiert nach Redeker, Bruno, Rückblick und Ausblick – Europas Botschaft, in: ders. (Hg.), Das geschichtliche Erbe Europas. Historie oder Perspektive der Zukunft, Münster 2005, S. 159–164, hier: S. 161.

149 Smith, Adam, An Inquiry into the Nature and Causes of the Wealth of Nations, London 1776, Kapitel 2, S. 19 (eigene Übersetzung).

Kapitel 5: Neue Herausforderungen, neue Chancen

150 Zitiert nach Geiger, Wolfgang, Weimar – Bonn – Berlin. Lehren aus der Geschichte, Frankfurt a. M. 2019, S. 179.

151 Zitiert nach Detering, Heinrich, Was heißt hier „wir"? Zur Rhetorik der parlamentarischen Rechten, Stuttgart 2019, S. 12.

152 Zitiert nach Rathcke, Julia, Thüringens AfD-Chef in der Kritik. Warum Björn Höcke wie ein Nazi klingt, in: RP Online, 19. Januar 2017, abrufbar unter: https://rp-online.de/politik/deutschland/afd-warum-bjoern-hoecke-wie-ein-nationalsozialist-klingt_aid-19140437 (27. April 2020, 20.27 Uhr).

153 Zitiert nach Bender, Justus, Gauland für „friedliche Revolution" gegen das „politische System", in: FAZ.net, 4. September 2018, abrufbar unter: https://www.faz.net/aktuell/politik/inland/

afd-chef-gauland-friedliche-revolution-gegen-das-politische-system-15771150.html (27. April 2020, 20.34 Uhr).

154 Vgl. Bertolaso, Marco, Der Attentäter und die Verschwörungstheorie vom „Großen Austausch", in: DLF, 18. März 2019, abrufbar unter: https://www.deutschlandfunk.de/nachgefragt-der-attentaeter-und-die-verschwoerungstheorie.2852.de.html?dram:article_id=443921 (27. April 2020, 20.38 Uhr).

155 Vgl. Habermas, Jürgen, Faktizität und Geltung, Frankfurt a. M. 1992, S. 607.

156 Hilmer, Richard/Kohlrausch, Bettina et al., Einstellung und soziale Lebenslage. Eine Spurensuche nach Gründen für rechtspopulistische Orientierung, auch unter Gewerkschaftsmitgliedern, Düsseldorf 2017, S. 12 f., abrufbar unter: https://www.boeckler.de/pdf/p_fofoe_WP_044_2017.pdf (2. April 2020, 14.18 Uhr).

157 Vgl. SWR, Wegen zu viel Hetze und Hass im Netz. Antisemitismusbeauftragter Blume meldet sich von Facebook und Twitter ab, in: SWR Aktuell, 29. Oktober 2019, abrufbar unter: https://www.swr.de/swraktuell/baden-wuerttemberg/blume-socialmedia-100.html (28. April 2020, 16.58 Uhr).

158 Fuchs, Martin/Holnburger, Josef, #ep2019. Die digitalen Parteistrategien zur Europawahl 2019, Hamburg/Berlin 2019, abrufbar unter: https://www.fes.de/index.php?eID=dumpFile&t=f&f=41827&token=6e1bf3bcf42bf4162ba5cc452ba460d703945e30 (27. April 2020, 20.45 Uhr).

159 Vgl. Bundesministerium für Familie, Senioren, Frauen und Jugend, Pressemitteilung. Von subtil bis militant: Wie Islamisten Kinder und Jugendliche in „Social Media" anwerben, 2. April 2019, abrufbar unter: https://www.bmfsfj.de/bmfsfj/aktuelles/presse/pressemitteilungen/von-subtil-bis-militant--wie-islamisten-kinder-und-jugendliche-in--social-media--anwerben/134996 (27. April 2020, 20.51 Uhr).

160 United Nations, General Assembly, Annual Report of the United Nations High Commissioner for Human Rights, 11. Januar 2013, Appendix (= S. 6–15), abrufbar unter: https://www.ohchr.org/Documents/Issues/Opinion/SeminarRabat/Rabat_draft_outcome.pdf (2. April 2020, 14.26 Uhr).

161 Vgl. BT-Plenarprotokoll 19/166, S. 20733 ff., sowie BT-Drucksache 19/17741.

162 Vgl. Dortmunder Polizei reagiert auf US-Horrormeldung zu Silvesternacht, in: Spiegel Netzwelt, 5. Januar 2017, abrufbar unter: https://www.spiegel.de/netzwelt/web/dortmund-polizei-reagiert-auf-breitbart-horrormeldung-zu-silvester-a-1128787.html (27. April 2020, 20.59 Uhr).

163 Vgl. Evon, Dan, Pope Francis Shocks World, Endorses Donald Trump for President, in: snopes, 10. Juli 2016, abrufbar unter: https://www.snopes.com/fact-check/pope-francis-donald-trump-endorsement (27. April 2020, 20.54 Uhr).

164 Vgl. Musch-Borowska, Bernd, Lynchmorde nach Fake News in Indien. WhatsApp schränkt Weiterleiten von Nachrichten ein, in: DLF, 22. Januar 2019, abrufbar unter: https://www.deutschlandfunk.de/lynchmorde-nach-fake-news-in-indien-whatsapp-schraenkt.697.de.html?dram:article_id=438982 (27. April 2020, 20.56 Uhr).